KB245685

몽산법어

간화선 지침서　원순 역해

몽산법어

도서출판 법공양

『몽산법어』를 펴내며

1998년 『종경록』 알맹이를 추려 엮은 『명추회요』를 『마음을 바로 봅시다』로 역해한 것을 시작으로 『한글원각경』 『연꽃법화경』 『큰 믿음을 일으키는 글 大乘起信論 疏別記』 『육조단경』 등 십여 권이 넘는 책을 출간하다 보니, 이제는 주변에서 공부하는 분들이 꼭 읽고 싶은 책이 있으니 번역해 달라는 부탁도 가끔 받게 됩니다.

요즈음 많은 사람들이 간화선에 관심을 갖게 되면서 여기에 관련된 다양한 책들에 많은 관심이 모아지고 있습니다. 옛날부터 간화선 교과서로 일컬어지던 『몽산법어』도 그 가운데 하나입니다. 『몽산법어』는 간화선을 하는 분들의 필독서로서 그 가르침이 수승하지만, 기존 번역서들이 옛 글투라 요즈음 사람들이 읽기가 쉽지 않습니다.

저 역시 아직은 경전이나 어록을 보는 눈이 밝지 않습니다. 하지만 간화선을 수행하시는 분들에게 조금이라도 보탬이 되고자 작은 힘이나마 정성을 다하여 옛 선사의 가르침을 읽기 쉽게 옮겨보고자 합니다.

원元 나라 때의 유명한 스님 몽산덕이蒙山德異(1231-?)는 고려 스님들과 깊은 교류가 많았는데 만항萬恒(1249-1319), 일연一然(1206-1289), 혼구混丘(1250-1322) 같은 스님들입니다. 몽산 스님은 고려 말 이후 한국 불교계에 커다란 영향을 끼쳤던 분으로서, 이 분이 편집한『육조단경 덕이본』과 그분의 법어는 중국 스님들이 지은 책들 가운데에서도 우리나라에 가장 많이 읽혔던 책들입니다. 특히 법어집인『몽산화상법어약록蒙山和尙法語略錄』은 고려 말부터 불교계에서 중요시되어 조선 후기까지 여러 차례 간행되었습니다. 그러다 세조 때 혜각존자慧覺尊者 신미信眉 스님이 한글로 풀이하여『몽산법어언해』라는 이름으로 간경도감에서 간행되기도 했습니다.

이번에 나오는 책은 고려 말 나옹 스님이 몽산 스님을 만나고 돌아오면서 가져온 몽산 법어 6편에 나옹 본인의 법어 한 편을 엮어 만든『몽산법어약록』과 몽산 스님, 환산 선사, 동산 숭장주, 고담 스님의 법어 4편이 실린『사법어四法語』가 합본된『몽산법어언해』를 저본으로 하여 재구성해서 엮은 책입니다. 또한 간화선 수행하는데 많은 도움이 되는 박산무이博山無異 선사의 가르침이 담긴『선경어禪警語』도 요긴한 부분만 추려 뒷부분에 실었습니다. 물론 이 책은 1985년에 용화선원에서 출간된『몽산법어』를 많이 참고한 것입니다.

단숨에 깨달아 도에 들어가는 가르침을 담은『돈오입도요문론』, 제자와 재가 수행자들에게 자비로운 가르침을 내린 대혜 스님의『서장』, 고봉 스님의『선요』등 유명한 조사 스님의 가르침을 담은 선서는 참으로 많습니다. 그 많은 선서 가운데에 유독『몽산법어』를 '간화선 지침서'라 이름 붙여 출간한 것은, 이 책이 간화선을 실제로 수행 하는데 있어 '어떻게 해야 화두를 잘 참구하는 것인가?'에 대해 구석구석 상세히 잘 밝혀 주고 있기 때문입니다.

특히 간화선에서 유명한 조주 스님의 '무無'자 화두 잡는 법에 대해서는 누누이 그 중요성을 강조하며 자상한 가르침을 내려 주고 있습니다.

이 책은 앞서 말한 바와 같이 제목은『몽산법어』이지만, 몽산 스님 외에도 몽산 스님의 은사인 환산 선사, 몽산 스님과 교류가 있었던 고려의 고담 스님, 나옹 스님 등 몽산 스님과 인연이 깊었던 분들의 법어도 함께 실려 있습니다. 이 분들은 한결같이 올곧게 간화선 수행을 했던 분들이기에, 후학을 아끼는 마음들이 그 글들에는 절절이 베어 있습니다.

부처님처럼 모시는 스승이 내려 주는 귀한 가르침인양 이 글을 읽고
마음에 새기시어, 오가며 앉고 눕는 모든 자리에서 화두의 참뜻을 알고
화두에 전념하여 참다운 깨달음에 이르시길 바랍니다.

2005년 12월 9일
푸른 산방 인월암 원순 두 손 모음

차례

1장

일러두기

1. 이 책은 1985년에 용화선원에서 출간한 『몽산법어』를
   많이 참고하였습니다.
2. 원문의 토는 번역된 내용을 참고하여 역으로 단 것이니
   참고로 볼 일입니다.
3. 박산 선사 『참선경어』는 원본 전문을 번역한 것이
   아니고 앞부분에서 중요한 부분만 간추려 놓은
   것입니다.

몽산법어

【1장】

몽산 스님이
고원 스님에게 가르침을

蒙山和尙 示古原上人

蒙山[1]和尙 示古原上人[2]

1. 話頭上에 有疑不斷이면

是名眞疑니라.

若疑一上少時하고 又無疑者이면

非眞心發疑라

屬做作[3]이니라.

是故로

昏沈[4]掉擧[5] 皆入作得하리라.

---

1. 몽산蒙山(1231-?): 원나라 스님으로서 이름은 덕이德異, 강서성江西省 여릉도廬陵道 고안현高安縣에서 태어났다. 그의 고향이 당나라 때에는 균주筠州였기 때문에 고균古筠 비구라고 한 일도 있었고, 여릉도 몽산에 있었으므로 몽산 화상이라 하며 강소성江蘇省 송강현松江縣 전산殿山에 있었으므로 전산 화상이라기도 하고, 휴휴암休休庵에 있었으므로 휴휴암주라 하기도 하였다. 고산鼓山의 환산정응皖山正凝 선사禪師의 법을 이었다. 그가 활동한 시기는 원나라 세조世祖 때이며, 우리 고려의 충렬왕 때이다. 그래서 고려의 고승들과 문필 교류가 많았고, 그의 저서 가운데 『법어약록法語略錄』 『수심결修心訣』 등은 조선조 중엽에 우리 글로 번역되기까지 하였다. 『육조단경 덕이본』의 편저자이다.
2. 상인上人은 상석에 앉는 사람을 의미하는데 공부를 많이 한 스님을 뜻한다.
3. 주작做作: 저절로 우러나온 의심이 아니라 의도적으로 만든 것을 말한다. 잠깐 화두를 의심하고 나서 공부하는 마음이 사라지면 의심이 없어지는 인위적인 의심이다.
4. 혼침昏沈: 머리가 무거워지고 몽롱해지는 것을 말한다.
5. 도거掉擧: 혼침과는 반대로 경솔하게 마음이 들뜨는 것을 말한다.

화두에서 의심이 끊어지지 않는다면
이를 일러 참된 의심이라고 한다.

의심이 잠깐 나고서는 다시 의심이 없다면
이는 참마음에서 의심을 낸 것이 아니라
의도적으로 의심을 만든 것이다.

이런 까닭에
머리가 무거워지고 몽롱해지거나
들뜨는 마음이 생기게 된다.

2. 更要坐得端正하라.

一者 睡魔來면

當知是何境界니라.

纔覺眼皮重커든 便着精彩

提話頭一二聲하여

睡魔退이면

可如常坐라.

若不退이면

便下地 行數十步하여 眼頭淸明커든

又去坐하여 千萬照顧[1]話頭이니

及常常鞭起疑[2]하고

久久 工夫純熟하여야

方能省力하리라.

---

1. 조고照顧: 근본 자리를 놓치지 않고 늘 챙기는 것. 천만 번 화두를 살핀다는 천만조고화두千萬
   照顧話頭는 간절히 화두를 챙긴다는 뜻이다.
2. 편기의鞭起疑: 화두를 채찍질하여 일으킨다는 것. 화두를 놓치지 말고 항상 마음속에
   화두가 살아 있도록 잠깐도 마음을 늦추지 않는다는 의미이다.

그러니 다시 단정히 앉아서 공부해야 한다.

첫째 졸음이 오면
이것이 무슨 경계인가를 알아차려야 한다.

눈꺼풀이 무거워지거든 바짝 정신을 차려
화두를 한두 번 소리 내어 챙겨서
졸음이 물러나면
평상시처럼 그대로 앉아 있어도 좋다.

졸음이 물러나지 않는다면
마당에 내려가서 수십 걸음을 걸어 눈이 맑아지거든
다시 자리에 앉아 간절히 화두를 챙길 것이니

그런 식으로 힘써 늘 의심을 일으키고
오래오래 화두를 챙겨 공부가 무르익어야
비로소 힘을 덜게 될 것이다.

3. 做到不用心提話頭[1]해도

自然現前時

境界及身心이 皆不同先已하여

夢中에도 亦記得話頭하리니

如是時 大悟近矣라.

4. 不得將心待悟니라.

但動中靜中이든

要工夫無間斷이어야

自然 塵[2]境不入하고

眞境日增하여

漸漸 有破無明[3]力量이니라.

力量充廣하면

疑團이 破하고 無明이 破하리니

無明破則 見妙道니라.

---

1. 불용심不用心: 화두를 일부러 챙기려는 마음이 없어도 저절로 화두가 챙겨지는 마음.
2. 진塵은 깨끗한 것을 더럽히는 먼지로서 마음에 비유하면 번뇌가 된다.
3. 무명無明: 중생들의 시비와 갈등을 일으키는 근본원인을 말한다.

화두를 일부러 챙기지 않아도
저절로 화두가 눈앞에 드러날 때
경계는 물론 몸과 마음이 다 이전 같지 아니하여
꿈속에서도 화두가 들리게 될 것이니
이와 같다면 큰 깨달음에 가까워진 것이다.

깨달음을 기다리는 마음을 가져서는 안 된다.

일어나 움직이든 가만히 앉아 있든
오로지 공부에 끊어짐이 없어야
저절로 티끌 경계가 들어오지 않고
참 경계는 날로 더해져서
점차 무명을 타파할 수 있는 힘이 생기게 된다.

무명을 타파하는 힘이 가득하고 넓어지면
의심 덩어리가 타파되고 무명이 없어지리니
무명이 없어지면 오묘한 도를 보게 될 것이다.

5. 夫參禪 妙在惺惺이라.

靈利者 先於公案檢點하여

有正疑인데

不急不緩 提話頭하여

密密 廻光 自看則

易得大悟하여 身心 安樂하리라.

6. 若用心急則

動肉團心[1]이어

血氣不調等病生이니

非是正路라.

但發眞正信心하여

眞心中 有疑則

自然 話頭現前하나라.

若涉用力擧話時

工夫不得力在니라.

____

1. 육단심肉團心: 이치에 맞지 않게 어리석게 억지로 쓰는 마음을 말한다.

참선의 오묘한 맛은
정신이 또렷이 깨어 있는 데 있다.

영리한 사람은 먼저 공안을 점검하여
올바르게 의심이 생기게 하는데
급하지도 느슨하지도 않게 화두를 챙겨
세밀하게 마음을 돌이켜서 그 자리를 보면
쉽게 큰 깨달음을 얻어 몸과 마음이 편안하고 즐거워질 것이다

마음 쓰는 것이 급하면
억지로 쓰는 마음이 되어서
몸에 흐르는 기운이 고르지 못해 병이 생기니
공부를 하는 바른 길이 아니다.

오직 참되고 바른 신심을 내어
참 마음 가운데에 의심을 두면
자연히 화두가 눈앞에 드러난다.

억지로 힘을 써서 화두를 챙김은
공부에 힘을 쓰는 것이 아니니라.

7. 若動中靜中 所疑公案[1] 不散不衝[2]하고

話頭 不急不緩 自然現前하면

如是之時에 工夫 得力하니라.

要護持此箇念頭 常常相續이어

於坐中에 更加定[3]力으로 相資爲妙하니라.

8. 忽然 築着磕着[4] 心路一斷하면 便有大悟하리니

悟了코사 更問悟後事件하라.

---

1. 공안公案: 원래 의미는 시시비비를 해결하는 관청의 공문서를 뜻하지만 조사 스님들의 말씀들이 거짓 없이 진실하다는 것에 비유해서 조사스님들이 내려주신 화두를 공안이라 부른다. 보통 일천 칠백 공안이라고 이야기하지만 보통 오백 공안 정도만 쓰인다. 공안의 지침서로는 『벽암록碧巖錄』, 『종용록從容錄』, 『무문관無門關』, 『정법안장正法眼藏』, 『경덕전등록景德傳燈錄』, 『인천안목人天眼目』, 『지월록指月錄』, 『속지월록續指月錄』 같은 것들이 있다. 공안의 대다수가 한 자 혹은 한 구절로 되어 있으며, 학인들이 이것으로 공부를 시작하기 때문에 '화두'라고도 한다. 누가 "개에게도 부처님의 성품이 있습니까?" 물어, '무無'라고 답했을 때, 이 무無자 한 자가 하나의 공안이 되면서 무無자 화두가 된다. 참선할 때 공안인 화두로써 참구하는 것을 간화선看話禪이라고 한다. 통상적으로 공안은 추리한다거나 일반상식으로 알아지는 것이 아니며, 언어 문자 개념을 초월하여 마음의 근본을 바로 깨닫게 하는데 초점이 맞춰진 것이다. 공안은 다섯 가지 중요한 뜻이 있다. 첫째는 깨달음을 얻는 방편이고, 둘째는 깨달음을 점검하는 방법이며, 셋째는 권위 있는 모범 답안이며, 넷째는 깨달음을 인가하는 믿음이 되며, 다섯째는 깨달음을 갖고 온다는 것이다. 『천목중봉화상광록天目中峰和尙廣錄』 11권 상, 『벽암록碧巖錄』 참고 바람.
2. 불산不散에서 산散은 화두가 흩어져 도망가는 것이고 불충不衝에서 충衝은 억지로 뻗대어 화두 드는 것을 말한다.
3. 정정定定: 계戒 정정定定 혜慧 삼학三學 가운데 하나로서 선정을 말한다. 아름다운 삶의 모습이 계戒이고, 고요한 마음이 선정이며, 참 행복이 가득한 슬기로움이 지혜이다. 다른 말로 삼매三昧라고 하기도 한다.
4. 축착합착築着磕着: 축대의 댓돌이나 맷돌을 쌓을 때 돌의 위쪽 아래쪽 아귀가 착착 들어맞는 것인데, 여기선 화두와 하나가 되어 화두 삼매에 들어가는 것을 말한다.

일어나 움직이든 가만히 앉아 있든
의심하는 공안이 흩어지지 않고
화두가 급하지도 느슨하지도 않게
자연스럽게 드러나면
이런 때야말로 공부하는 데 힘을 얻는 것이다.

이 화두를 잘 지키고 보호하는 것이 늘 이어져서
앉아 공부하는 가운데 다시 선정의 힘이 보태져
공부에 도움 받는 것이 오묘해 지느니라.

그러다 홀연 댓돌 맞듯 맷돌 맞듯 화두와 하나가 되어
마음 길이 한번 끊어지면 문득 큰 깨달음이 있으리니
깨닫고 나서야 다시 깨달은 뒤의 일을 물을지어다.

몽산 스님이
각원 스님에게 가르침을

蒙山和尙 示覺圓上人

蒙山和尙 示覺圓上人

1. 參禪은 須透祖師關[1]이고
妙悟는 要窮心路絶이라.

祖關 不透하여 心路 不絶이면
盡是依草附木[2]精靈이리라.

---

1. 조사관祖師關: 조사 스님들이 후학들을 깨우쳐 주기 위한 방편으로 베풀어 놓은 관문을 말한다. 보통 일천칠백 공안이 있다고 말하기도 한다.
2. 의초부목依草附木: 사람이 죽은 뒤에 몸 받을 인연이 정해지지 않았을 때 풀이나 나무에 붙어 의지하여 살고 있는 것. 선종에서는 학자들이 언어 문자에 매인다면 깨칠 길이 없다는 것을 의초부목에 비유한다. 『종용록從容錄』 제73칙, 『임제록시중臨濟錄示衆』, 『선종무문관禪宗無門關』 제1칙 참조.

참선은 조사의 관문을 꿰뚫어야 하고
오묘한 깨달음은 마음 길이 끊어져야 한다.

조사의 관문을 뚫지 못하여 마음 길이 끊어지지 아니하면
모두 풀과 나무에 붙어사는 정령精靈일 뿐이니라.

2. 僧問趙州_{하되}

狗子_도 還有佛性也無_{이까하니}

州云_{하되} 無_{라하니라.}

只者箇無字 是宗門一關_{이니}

有心¹_{으로도} 透不得_{하고} 無心_{으로도} 透不得_{하니라.}

3. 惺惺靈利

直下²掀飜_{하여} 捉敗趙州_{커든}

還我話頭來_{하라.}

若有一毫末_{이면}

且居門外_{니라.}

---

1. 유심有心: 시비 분별하는 마음이나 논리로 추구하는 마음을 말한다. 화두를 챙기는 것은
논리를 추구한다고 될 일이 아니다. 또한 여기서 말하는 무심無心은 유심有心과 반대로
아무 생각이 없는 것으로서 공空에 떨어진 마음을 말한다. 유심과 무심의 양변을 벗어나야
종문의 관문인 조사관을 뚫을 수 있다.
2. 직하直下란 '무'라고 하는 말을 듣는 순간 그 자리에서 나타나는 반응을 말한다.

어떤 스님이 조주 스님께
"개에게도 부처님 성품이 있습니까?" 하고 물으니,

조주 스님께서 "없다"라고 하셨다.

오직 이 "없다"라는 말 한마디가 종문宗門의 한 관문이니
유심有心으로도 뚫을 수 없고 무심無心으로도 뚫을 수 없느니라.

늘 깨어 있는 총명한 사람이
바로 뒤집어 조주를 내동댕이치거든
다시 나에게 화두를 가져오라.

여기에 털끝만치라도 오차가 있다면
아직 도道의 문 밖에 있는 것이니라.

4. 覺圓上座는 覺也未아.

妙覺이 圓明하다면
當識 趙州是何面目이라.

道箇無字意 作麼生고.

蠢動含靈 皆有佛性인데
趙州는 因甚道無오.

畢竟에 者箇無字 落在甚處오.

각원 스님은 알았느냐, 몰랐느냐?

오묘한 깨달음이 오롯하게 밝았다면
조주의 면목이 어떤 것인지를 알아야 한다.

이 "없다"라는 뜻을 어떻게 말할 것이냐?

꿈틀거리는 온갖 미물에게도 다 부처님의 성품이 있다고 하였는데
조주 스님께서는 무슨 까닭으로 "없다"라고 말씀하셨는가?

마침내 이 "없다"의 뜻이 어디에 있겠는고?

5. 本覺[1]未明이면

一一有疑리니

大疑則 有大悟하리라.

不得將心待悟하며

又不得以意求悟하며

不得作有無會하며

不得作虛無會하며

不得作鐵掃箒[2]用하며

不得作繫驢橛[3]用하라.

---

1. 본각本覺: 모든 중생에게 본디 갖추어져 있는 깨달음을 말한다.
2. 철소추鐵掃箒: 무쇠 빗자루를 말한다. 화두에 집중하면 모든 망상이 사라지니 화두를
   무쇠 빗자루로 비유하여 모든 번뇌를 남김없이 쓸어버리겠다는 의지를 담은 표현이다.
3. 계려궐繫驢橛: 당나귀를 매어놓는 말뚝을 말한다. 화두를 우리 마음을 묶어 두는 말뚝이라고
   해서 '화두는 방편'이라는 생각조차 하지 말아야 한다. 선가禪家에서 화두를 참구하는
   이들이 어떤 경계를 얻었더라도 그 경계에 집착하면 도리어 그 경계에 구속된다는 의미의
   비유로 많이 쓰인다. 오로지 화두만 참구할 일이지 화두로 망상을 쓸어 내겠다는 마음조차
   내지 않는 것이다. 『임제록』, 『벽암록』 제1칙, 『종용록』 제8칙, 제11칙, 제16칙 참조.

본각本覺을 분명히 알지 못했다면
하나하나에 모두 의심이 있으리니
크게 의심하면 큰 깨달음이 있으리라.

깨달음을 기다리지 말 것이며
또 뜻으로 깨달음을 찾지 말 것이며
유有나 무無로 알았다는 마음을 내지 말 것이며
허무虛無로 알았다고 하지 말 것이며
무쇠 빗자루로 쓸어 내는 것이라는 생각을 내지 말 것이며
당나귀 매는 말뚝으로 잡아매야 한다는 생각을 내지 말지어다.

6. 從敎疑團 日盛케하여

於二六時¹中 四威儀²內에

單單提箇無字하여

密密廻光하면

自看이라.

看來看去하고

疑來疑去하여

百無滋味時

有些滋味하리니

却不可生煩惱³니라.

---

1. 이륙시二六時: 십이시十二時를 말하며, 지금 쓰고 있는 이십사시二十四時를 열두 단계로
   나누어 쓴 것을 말한다.
2. 사위의四威儀: 수행자가 지녀야 할 자세로서 오가며 앉고 눕는 행주좌와行住坐臥 네 가지
   모습을 말한다. 위의는 수행자가 지녀야 할 품위이니, 생활 속에서 드러나는 수행자의
   진솔한 삶을 뜻한다.
3. 번뇌煩惱: 중생의 괴로움인 시비와 갈등을 말한다. 화두를 참구하는 사람에겐 화두 참구
   이외의 다른 모든 생각들은 쓸데없는 시비와 갈등을 불러일으키는 번뇌일 따름이다.

의심 덩어리만 나날이 크게 하여
오고 가며 앉고 눕는 모든 삶 속에서
오로지 이 "없다"라는 말만 챙겨
세밀하게 마음의 빛을 돌이키면
그 자리를 스스로 보게 된다.

이 "없다"라는 말을 오고 가며 보고 또 보고
의심하고 또 의심하여
조금도 재미가 없을 때에
약간씩 재미가 있게 되리니
그 자리에서도 딴 마음을 내서는 안 된다.

7. 疑得重하면
話頭不提하여도 自然現前이니
却不得懽喜니라.

濃淡任他하고
直如老鼠咬棺材하듯
只管提箇無字看이니라.

8. 若於坐中에
得妙定力資하거든
正好提撕니라.

但不用着力에 爲妙니라.

若着力提撕則
解散定境하리라.

의심이 깊어지면
화두를 잡지 않아도 화두가 저절로 드러나니
화두가 드러난다고
여기에서 기뻐하는 마음을 내서는 안 된다.

화두가 잘 되든 안 되든 그대로 놓아두고
늙은 쥐가 양식을 얻고자
곡식 담아 놓은 나무상자를 긴 시간 이빨로 쏠 듯
다만 이 "없다"라는 말을 챙기고 보아야만 한다.

앉아 있는 가운데에
오묘한 선정의 힘이 공부를 돕거든
화두만 잘 챙길지어다.

다만 억지로 힘을 쓰지 않는 것에 오묘한 맛이 있다.

억지로 애를 써서 화두를 챙긴다면
공부에 도움을 주는 선정의 경계가 흩어지리라.

9. 能善用心하여 忽然入得定時
却不可貪定하여 而忘話頭니라.

若忘却話頭則
落空去하여 無有妙悟니라.

起定時에도
亦要保護定力이라.

於動靜中 一如하여
昏沈掉擧悉絶하여도
亦莫生懽喜心이어다.

마음을 잘 다스려서 홀연 선정에 들어갈 때라도
선정에 집착하여 화두를 잊어서는 안 된다.

화두를 잊게 되면
공空에 떨어져 오묘한 깨달음이 없게 되느니라.

선정에서 앉아 있다 일어날 때에는
선정의 힘을 보호해야 된다.

일어나 움직이든지 가만히 앉아 있든지 선정이 한결 같아서
머리가 무거워지고 몽롱해지거나 들뜨는 마음이 다 끊어져도
좋아하고 기뻐하는 마음을 내지 말아야 한다.

10. 忽然 団¹地一聲에 透過趙州關已하고

一一下語²諦當³ 箭箭拄鋒⁴하여

勘破趙州 得人憎處하면

法法圓通이어

差別機緣⁵ 一一明了하리니

正要求悟後生涯⁶니라.

11. 若不然이면 如何得成法器리오.

宜觀先聖標格⁷이지

切忌杜撰⁸이어다.

會麽아.

---

1. 와団: 깨달음을 얻었을 때 얼떨결에 내뱉는 탄성인데, 와지일성団地一聲, 와지일하団地一下 등이 그 표현이다.
2. 하어下語: 고칙공안古則公案 또는 송고頌古 수시垂示 상당上堂 등의 법어에 대해서 자기의 견해를 나타내기 위해서 이르는 말.
3. 체당諦當: 모든 것을 이치에 맞게 밝게 안다는 뜻.
4. 전전주봉箭箭拄鋒: 날아가는 화살촉과 화살촉이 공중에서 서로 맞부딪친다는 뜻이다. 스승과 제자의 뜻이 딱 들어맞아 조금도 틈이 없기에 물음과 대답이 척척 들어맞는다는 것이다.
5. 차별기연差別機緣: 중생의 근기에 맞추어서 법을 베푼 인연을 말한다.
6. 오후생애悟後生涯: 깨달은 뒤에 선지식에게 점검받고 자신의 삶을 결정하는 일이다.
7. 표격標格: 본보기
8. 두찬杜撰: 내용을 아는 데 아무 도움도 되지 않는 쓸데없이 써 놓은 글들을 말한다.

40

홀연 깨치는 와! 소리에 조주의 관문을 뚫고

하는 말마다 이치에 맞아

허공에서 화살촉과 화살촉이 서로 맞부딪치듯이 하여

다른 사람들이 잘 몰라서 미워하는 조주의 뜻을 타파하면

법마다 오롯하게 통해

중생의 온갖 근기에 맞추어서 법을 베푼 인연들을

하나하나 분명히 알게 될지니

바로 깨달은 뒤의 살림살이를 찾아야만 하느니라.

만약 그렇지 못하다면

어떻게 법을 담을 만한 그릇이 될 수 있겠는가?

옛 성인들의 본보기를 잘 살필 일이지

쓸데없이 화두 공부에 이런저런 토를 달지 말지어다.

내 말을 알아듣겠느냐?

몽산 스님이
유정 스님에게 가르침을

蒙山和尙 示惟正上人

蒙山和尙 示惟正上人

1. 五祖演[1]和尙 示衆[2]云하되

釋迦彌勒이 猶是他奴라하니 他是阿誰오.

直下悟徹하여 道得諦當하면 可以超脫分段生死[3]이나

更進竿頭闊步[4]해야 了大丈夫事業하리라.

2. 惟正上座는 能悟徹也未아.

否則 急宜惺惺하여 下眞實工夫하고 如法參究하여 以大悟爲入門하라.

---

1. 오조법연五祖法演(?-1104): 북송北宋 임제종 양지파의 승려이다. 속성은 등鄧씨로서 사천성 면주부綿州府 파서巴西사람인데 서른다섯에 출가하여 구족계를 받았다. 처음 성도成都 강당에서 『백법百法』, 『유식론唯識論』 같은 것을 배우며 깊은 뜻을 연구하였다. 뒤에 의문이 생겨 몸으로 깨닫고자 공부 길을 떠나 백운수단白雲守端을 만나서 크게 깨닫고 인가를 받았다. 서주舒州 사면산四面山에서 시작하여 백운산白雲山, 태평산太平山, 마지막 기주蘄州 오조산五祖山 동선사東禪寺에서 가르침을 펼쳐 많은 제자를 두었다. 그 가운데서 도 불안청원佛眼淸遠, 태평혜근太平慧懃, 원오극근圜悟克勤은 오조법연 문하의 삼불三佛이 라고 하였다. 『법연선사어록法演禪師語錄』 서문, 『오등회원五燈會元』 19권, 『연등회요聯燈 會要』 16권, 『석씨계고략釋氏稽古略』 4권 참조.

   오도송

   앞산 밑의 자갈밭을 참 비싸게 사 들이어　　　山前一片閑田地
   이 밭들을 잘 가꾸어 남들에게 싸게 파니　　　叉手叮嚀問祖翁
   그 일들을 되풀이 한 그 까닭이 무엇이냐　　　幾度賣來還自買
   대나무 숲 소나무 숲 맑은 바람 생겨난다　　　爲憐松竹引淸風

2. 시중示衆: 대중에게 법을 드러내 보이는 것을 말한다.
3. 분단생사分段生死: 육도六道에 윤회하는 중생들의 생사를 말한다. 중생은 저마다 지은 업을 따라서 크고 작은 몸을 받아 길고 짧은 목숨으로 윤회를 하고 있기에 분단생사라고 한다. 상대어로서 보살이 원력을 내어 중생구제를 위하여 세상에 오는, 보살의 자유로운 삶인 변역생사變易生死가 있다.
4. 간두활보竿頭闊步: 백척간두百尺竿頭에 머무르면 죽은 놈이 되므로 다시 여기서 한 걸음 내딛어 온몸을 던져 공부해야 깨달을 수 있다는 뜻이다.

오조법연五祖法演 스님께서 대중에게
"석가모니와 미륵 부처님조차 여전히 다른 사람의 노예"라고
말씀하셨으니

'다른 사람'이란 누구를 말하는고?

바로 깨달아서 이치에 맞게 말한다면
분단생사는 벗어났다고 하겠으나
백척간두百尺竿頭에서 다시 한걸음 더 나아가 활보해야
비로소 대장부 일을 해 마쳤다고 하리라.

유정 스님은 깨쳤느냐, 못 깨쳤느냐?

못 깨쳤다면 급히 정신을 차려서
진실한 공부를 하고 법답게 참구하여
큰 깨침을 도에 들어가는 문으로 삼아야 할 것이다.

3. 所謂參究者_란

當疑_{이니}

釋迦彌勒_이 是佛_{인데}

因甚 猶是他奴_{오.}

畢竟_에 他是阿誰_{오.}

疑得盛_{이면}

卻提撕他是阿誰_{하여}

廻光自看_{하라.}

4. 不要用心太緊_{이니}

緊則

動色心_{하여} 生病_{하리라.}

不可太緩_{이니}

緩則

忘卻話頭_{하여} 入昏沈掉擧去也_{이니라.}

참구한다는 것은 무엇을 말하는가?

"석가와 미륵은 부처님인데
무슨 까닭으로 다른 사람의 노예란 말인가?
끝내 이 다른 사람이란 누구를 말하는고?"라고 의심하는 것이니라.

의심이 아주 깊어지면
'다른 사람은 누구인고?'라는 것만 챙겨
마음의 빛을 돌이켜서 그 자리를 보아야만 하느니라.

이 공부에는
너무 급하게 마음을 쓰지 말아야 하니
너무 급하게 마음을 쓰면
집착하는 마음이 생겨 병이 생길 것이다.

너무 느슨해도 안 되니
너무 느슨하면
화두를 잊어
머리가 무거워지고 몽롱해지거나 들뜨는 마음이 될 것이다.

妙在善用其心이니
發眞正信心하여
捨盡一切世間心하고
惺惺密密提撕하면
於坐中에 最易得力하리라.

初坐時
抖擻精神하고 放敎身體端正하되
不可背曲이라.

頭腦卓竪하고 眼皮不動하되
平常開眼이라.

眼睛不動則
身心俱靜하리니
靜而然後에야 定이니라.

48

오묘한 도리는 그 마음을 잘 쓰는 데 있으니
진실하고 올바른 믿음을 내어
세간에 집착하는 모든 마음을 다 버리고
깨어 있는 마음으로 세밀하게 화두를 잘 챙기면
앉아 있는 가운데서 아주 쉽게 힘을 얻을 것이다.

처음 앉을 때
정신을 잘 차리고 몸을 쭉 펴서 단정히 하되
등을 굽혀서는 안 된다.

머리를 바르게 세우고 눈동자를 움직이지 않되
눈은 평상시처럼 뜬다.

눈동자가 움직이지 않으면
몸과 마음이 함께 고요해지리니
고요해진 뒤에 선정에 든다.

5. 定中에도 卻要話頭現前이니
不可貪定하여 而忘話頭니라.

忘則 落空[1]하여 反被定迷하니
無有是處니라.

定中에 得力易나
卻要惺惺不昧하라.

6. 忽有一切好惡境界現時
都不要管他니라.

話頭分曉하면
倏忽 境界自清이니라.

起定之時 緩緩動身하여
護持定力하라.

---

1. 낙공落空: 모든 생각이 사라져 고요하고 편안해질 때 잘못하면 화두를 놓치고 이 고요한
   경계에 집착하게 되는 것을 말한다. 침공체적沈空滯寂이다. 선가에서는 마구니 경계라고
   한다.

선정에 들어서도 화두가 눈앞에 있어야 하니
선정에 집착하여 화두를 잊어서는 안 된다.

화두를 잊으면 공空에 떨어져
도리어 선정에 얽매이는 어리석음에 빠지니
이는 옳지 않으니라.

선정 가운데서 힘을 얻기는 쉽더라도
여기서도 정신이 깨어 있어 화두에 어둡지 않아야 한다.

홀연 좋고 나쁜 경계가 나타날 때
어떤 경계에도 조금도 개의치 말아야 한다.

화두가 분명하면
갑자기 경계가 저절로 맑아진다.

선정에서 일어날 때에도
천천히 몸을 움직여서
선정의 힘을 유지해 나가야 한다.

7. 於動用中에도

保持得話頭하여 有疑提撕하면

不用力하여도

綿綿密密이어

無有間斷時 工夫 漸漸成片하여

得如澄秋野水 湛湛淸淸하듯

縱有風動이라도 並是淸波이니라.

일어나 움직이는 가운데에서도

화두를 지녀 의심을 잘 챙겨 가면

힘을 쓰지 않아도

이 공부가 세밀하고 꾸준하게 이어지는데

그 이음이 끊어지지 않을 때에 공부가 점차 익어

가을 들판에 있는 맑은 물이

맑고 깨끗한 것과 같아서

바람이 불더라도 모두 맑은 물결뿐이다.

8. 到如是時

大悟近矣리니

卻不得將心待悟하며

不要求人穿鑿하며

不要思量卜度[1]하며

不要求解會하며

但提話頭看이어다.

若其他公案에 有疑커나

及經典上에 有疑커든

盡攝歸來하여 他是阿誰上에 看이어다.

---

1. 사량思量과 복탁卜度에서 사량은 끊임없이 생각하는 것이고 복탁은 미루어 짐작하는
   것을 말한다.

이런 경계에 다다를 때
큰 깨달음이 가까워지리니

여기에서
깨달음을 기다리는 마음을 가져서는 안 되며
다른 사람에게서 깨달음을 찾고자 하는 마음을 내지 말아야 하며
끊임없이 생각하며 이리저리 헤아리지 말 것이며
알음알이로 알려고 하지 말아야 하며
오직 화두만 챙겨서 볼지어다.

다른 공안에 의심이 있거나
또 경전에 의심이 가는 데가 있으면
모두 거두어서 '다른 사람이란 누구인고?' 하는 곳에
모든 의심을 갖다 붙여 볼지어다.

9. 衆疑逼發 築着磕着하여

団地一聲에 正眼이 開明하면

便能下得到家語[1]

投機語[2]

箭鋒相拄[3]語하고

識得差別機緣하여

前來所有一切疑

氷消無餘하리라.

10. 法法圓通이어 得昇堂[4]已하여도

切忌小了하고 更來하라.

指汝進步入室하여

了徹大事케하리라.

---

1. 도가어到家語: 근본 마음자리가 있는 곳에 도달하여 거기에서 나오는 말이다.
2. 투기어投機語: 상대방의 깨달음에 맞추어서 던져 주는 말이다.
3. 전봉상주箭鋒相拄: 전전주봉箭箭拄鋒과 같은 뜻이다. 도가어이고 투기어이니 어떤 이치에도
   맞아떨어지는 말을 할 수 있고, 하는 말마다 전부 맞는 이야기란 뜻이다.
4. 승당昇堂과 입실入室: 승당은 도를 깨달았다고 생각하여 조실 스님을 찾아 가는 것이고,
   입실은 조실 스님에게 확실하게 깨달음을 인가 받는 것이다.

이러다 강하게 일어난 온갖 의심들이
댓돌 맞듯 맷돌 맞듯 이치에 척척 맞아 풀어지며
아! 하는 한 소리에 바른 눈이 열린다면

깨달음에서 나오는 말
상대방의 깨달음에 맞추어서 던져 주는 말
어떤 이치에도 맞아떨어지는 말을 할 수 있고

차별이 있는 온갖 인연을 알아서
앞서 있던 모든 의심들이
얼음 녹듯 남김없이 사라질 것이니라.

모든 법마다 오롯하게 통하여
법을 설하는 자리에 오른다고 하여도
부디 작은 깨달음에 만족하지 말고
다시 내게 올지어다.

너에게 한걸음 더 나아가게 하여
큰일을 분명히 마치게 하리라.

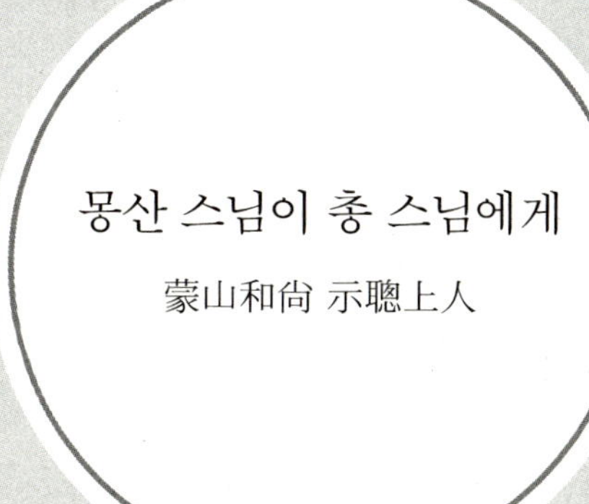

몽산 스님이 총 스님에게

蒙山和尙 示聰上人

蒙山和尙 示聰上人

1. 黃檗[1]

見百丈[2]擧再參機緣[3]하고

便吐舌하니

是得百丈力耶아 得馬祖[4]力耶아.

---

1. 황벽黃檗(?-850): 법명은 희운希運, 복건성福建省 복주부福州府 민현閩縣에서 태어났다. 백장의 법을 잇고 염관사鹽官寺에서 뒷날 황제가 된 선종宣宗이 법을 묻자 답 대신 세 번이나 뺨을 때린 일이 있었다. 선종은 즉위하여 그에게 거칠다는 뜻의 추행사문麤行沙門이라고 법호를 주려 하자, 배휴가 "황벽 선사가 폐하께 세 번 손질한 것은 폐하의 삼제三際 곧 삼세三世의 윤회를 벗어나 해탈하라는 뜻입니다."하여, 단제斷際란 호를 내리게 되었다.
2. 백장百丈(720-814): 법명은 회해懷海로서 서당지장西堂智藏 남전보원南泉普願 스님과 함께 마조 스님의 법을 이었다. 뒷날 백장산에 들어가 백장청규百丈淸規를 만든 것이 오늘날 한국 중국 일본의 불교에 큰 영향을 끼치고 있다. "하루 일하지 않으면 하루를 먹지 말라."고 했던 스님께서 나이가 들어서도 매일 일하시니 제자들이 하도 딱하여서 하루는 일하는 연장을 감추었더니 그 날은 굶으셨다고 한다. 아흔다섯에 입적하셨다.
3. 재참기연再參機緣: 황벽 스님이 수좌로 있을 때, 어느 날 백장 스님께서 "부처님의 법을 공부하는 것은 작은 일이 아니다. 내가 옛날 마조 스님께 공부할 때 마조 스님의 할! 소리에 삼일 동안 귀가 먹고 눈이 캄캄했느니라."하니, 황벽이 그 말을 듣고 혀를 쑥 내밀었다고 한다.
4. 마조도일馬祖道一(709-788): 남악회양南嶽懷讓 밑에서 공부할 때 회양 선사께서 하루는 좌선하고 있는 마조 스님에게 묻기를 "무엇하고 있느냐?"하니, "좌선하고 있습니다." "좌선해서 무엇이 되려고 하느냐?" "부처님이 되려고 좌선하지요" 그 이튿날 회양 선사는 일부러 마조 스님 앞에 가서 벽돌을 돌에 갈고 있었다. 도일이 묻기를 "스님, 벽돌은 갈아서 어디에 쓰려고 합니까?" "거울을 만들려고 하네." "벽돌을 갈아서 어떻게 거울을 만들 수 있겠습니까?" "앉아만 있으면 부처가 될 줄 아는가?" "그러면 어떻게 해야 합니까?" "수레가 움직이지 않을 때 수레를 때려야 되겠느냐? 아니면 수레를 끄는 소를 때려야 되겠느냐? 선이란 앉거나 눕는 데 상관이 없기에 부처는 가만히 있는 것이 아니다. 집착이 없기에 취하고 버림이 없는 것이 선이니라." 마조 스님은 이 말에 크게 깨쳤다. 마조 스님이 하신 유명한 말에는 '평상심시도平常心是道' '즉심시불卽心是佛'이 있다.
   마조 스님의 제자 남전보원南泉普願에게서 신라의 도균道均 선사와 철감哲鑑 국사가 나왔고, 염관제안鹽官齊安에게서 범일梵日과 진감眞鑑 두 국사가, 귀종지상歸宗知常에게서 대모大茅 화상이, 대매법상大梅法常에게서 가지迦智, 충언忠彦 선사가, 마곡보철麻谷寶徹에게서 무염無染 국사가, 서당지장西堂智藏에게서 도의道義, 혜철慧哲, 홍척洪陟 선사가, 장경회휘章敬懷暉에게서 현욱玄昱, 각체覺體 같은 신라의 큰스님들이 많이 나왔다.

황벽이 백장 스님을 모시고 살 때
백장이 마조 스님께 공부할 때 있었던 '할!'에 대해 이야기하자
황벽 스님이 이 모습을 보고 혀를 내밀었으니

이것은 백장의 힘을 얻은 것이냐, 아니면 마조의 힘을 얻은 것이냐?

2. 巖頭[1]

見德山[2]一喝[3]하고

便禮拜하니

是는 知恩耶아 報恩耶아.

---

1. 암두전활巖頭全豁(828-887): 당나라 선승으로서 설봉의존雪峰義存과 흠산문수欽山文邃와 벗이 되어 함께 앙산혜적仰山慧寂과 덕산선감에게서 공부하였다. 덕산 밑에서 깨달아 그의 법을 이었다.

2. 덕산선감德山宣鑑(780-865): 속성이 주周씨로서 『금강경』을 잘 알기에 주금강周金剛이라고 불렀다. 그의 제자로는 암두전활과 설봉의존이 있다. 당나라 무종武宗(841-846) 법난을 겪은 뒤에 가는 곳마다 불전佛殿을 없애고 법을 설하는 법당만 두었다. 방망이를 활용하여 많은 가르침을 펼쳤기에 그의 가르침을 '덕산의 방망이'이라고 하였다.

3. 할喝: 당대 이후 선사들이 언어 이전의 도리를 나타내기 위해 납자들을 질타하는 독특한 수단이다. 마조 스님의 할! 소리에 백장이 사흘이나 귀가 먹고 눈이 캄캄하였다는 기록이 처음인데, 뒷날 임제 스님이 제일 많이 써 먹었기에 '임제의 할'이라고 하였다. 본분 도리를 알지 못하고 쓰는 할! 소리는 터무니없는 짓이라고 하여 이를 호할난할胡喝亂喝이라고 한다. 『종문통요속집宗門統要續集』 9권, 『인천안목人天眼目』 3권 참조.

암두가 덕산 스님을 친견하였을 때
덕산의 '할!' 소리에 암두가 절을 하니

이 절은 은혜를 아는 절이냐, 아니면 은혜를 갚는 절이냐?

又答¹洞山²語에 云하되

我當時 一手擡一手搦이라하니 那裏是他擡搦處오.

3. 見徹二老骨髓者인댄 便好着一轉語³하여 截斷諸方舌頭하면 許汝

得入門已하리라.

其或未然이면 急宜參究어다. 若涉參究라면 便論工夫하리라.

---

1. 우답동산어又答洞山語: 암두가 덕산의 할! 소리에 절한 것에 대해 동산 스님이 듣고 "암두가 아니었던들 덕산의 할! 소리를 알지 못했을 것이다." 하니, 암두가 "내가 그 때 한 손은 들어 올리고 한 손은 내렸다."고 대답하였다.

2. 동산양개洞山良价(807-867): 어려서 출가하여 『반야심경』을 배우다 눈·귀·코가 없다는 뜻을 은사에게 물었는데 대답하지 못하자 오예산五洩山 영묵靈默 선사 밑에서 참선을 시작하였다. 운암에게 묻기를 "혜충慧忠 국사의 말에 무정無情이 설법한다 하였는데, 무정의 설법을 어떤 이가 듣습니까?" "무정의 설법을 무정이 듣느니라." "스님께서도 들으십니까?" "내가 듣는다면 너는 나의 설법을 듣지 못할 것이다."하는 데서 깨친 바 있었고, 운암의 임종 법문에 대하여 물을 건너가다가 물에 비친 자기의 그림자를 보고 비로소 크게 깨쳐 운암의 참뜻을 알게 되었다. 그리고 게송을 짓기를,

절대로 그를 따라 찾지를 말게	切忌從他覓
그 분은 찾을수록 멀어지나니	迢迢與我疎
내가 이제 나 홀로 길을 가는데	我今獨自往
발걸음이 닿는 곳에 그 분 만나네	處處得逢渠
그 분이 바로 지금 나이면서도	渠今正是我
나는 지금 그 분이 아니로구나	我今不是渠
모름지기 이와 같이 알아야 하니	應須恁麼會
비로소 참 이치에 계합 되었네	方得契如如

  그 뒤에 강서성 여릉도廬陵道 고안현高安縣에 있는 동산의 보리원普利院에서 스물여섯 분의 제자를 두었는데 그 가운데는 신라의 금장金藏 스님이 있었다. 동산의 제이세第二世 소산광인疎山匡仁에게서 신라의 명조안明照安과 동진洞眞이 나왔다. 당나라 함통咸通 10년에 상당 설법하고 입적하였는데 대중이 모두 통곡하므로 다시 깨어나서 이레 동안 설법하고 앉아서 열반에 들었다. 이 때 나이 예순세 살이었다. 그를 종조宗祖로 삼는 조동종은 지금까지 중국과 일본에서 번창하고 있다.

3. 일전어一轉語: 중생의 마음을 부처님의 마음으로 확 바꾸어 줄 수 있는 한마디 말을 뜻한다.

또 동산 스님의 칭찬을 듣고 암두 스님이 말하기를
"내가 그 때 한 손은 들어 올리고 한 손은 내렸다."고 하였으니

어떤 것이 손을 들고 내린 곳인고?

두 늙은이의 골수를 보고 환히 안 사람이기에
한마디 잘 일러서 모든 사람의 혀를 끊어 버린다면
그대에게 도를 깨쳤다고 인정하리라.

그렇지 못하다면 서둘러 화두를 참구할지어다.

화두를 참구하겠다면 바로 공부를 논할 것이니라.

4. 直須依本分如法해야 始得하리라.

當於本參公案上에 有疑이니

大疑之下에 必有大悟니라.

千疑萬疑 倂作一疑하여

於本參上에 取辦하라.

若不疑言句[1] 是爲大病이니라.

仍要盡捨諸緣하고

於四威儀內 二六時中에서

單單提箇話頭하여

廻光自看[2]하라.

---

1. 언구言句: 화두를 뜻한다. 화두에는 참구參句와 참의參意가 있다. 뜻을 생각하고 이리저리
   따져 들어가는 것은 참의로서 사구死句 참선이며, 오로지 화두만 의심하는 것이 참구로서
   활구活句 참선이다.
2. 회광자간廻光自看: 마음의 빛을 돌이켜서 그 자리를 비춰 본다는 회광반조와 같은 뜻이다.
   마음을 쓰는 데 그 쓰는 마음을 돌이켜서 그 마음이 일어나기 이전 자리를 보라는 것이다.

66

공부란 바로 법답게 본분을 의지해야 할 것이다.

근본을 참구하는 공안에서 의심이 있어야 할 것이니
큰 의심에 반드시 큰 깨달음이 있느니라.

온갖 의심을 하나의 의심으로 만들어
근본을 참구하는 데에서 일을 해결하라.

화두를 의심하지 않는다면
이것이 큰 병이 된다.

모든 인연을 다 버리고
오고 가며 앉고 눕는 모든 삶 속에서
오로지 화두만을 챙겨
마음의 빛을 돌이켜서 그 자리를 보라.

5. 若於坐中에

得力最多하리니

坐宜得法이지

不要瞠眉努目하여 遏捺身心이어다.

若用氣力則 招病苦리라.

但端身正坐하여

平常開眼일뿐

身心境界에 不必顧着이니라.

가만히 앉아 공부하는 가운데에서
공부하는 힘을 가장 많이 얻으리니

앉아서 법을 얻을 일이지
억지로 눈을 부릅뜨고 몸과 마음을 구속하지 말지어다.

억지로 기력을 쓰면 병고를 부르리라.

다만 몸을 바르게 단정히 하고 앉아
평상시처럼 눈을 뜰 뿐
몸이나 마음과 경계에 마음 쓸 필요는 없느니라.

6. 或有昏沈掉擧_때

着些精彩_{하여}

提擧一二聲話頭_{하면}

自然 諸魔消滅_{하리라.}

眼定_{하면} 而心定_{하고}

心定_{하면} 而身定_{하리라.}

若得定時

不可以爲能事_{니라.}

或忘話頭_{하여}

沈空滯寂[1]_{하면}

不得大悟_{하고}

反爲大病_{하리라.}

---

1. 침공체적沈空滯寂: 낙공落空과 같은 말이다. 고요하고 편안한 경계에 빠져서 거기서 빠져나올 줄 모른다는 것이다. 여기서 멈추면 공부에 진전이 없다. 중생들 입장에서 보면 좋은 경계이지만, 부처님 입장에서 보면 마구니 경계이다. 십지 보살도 미세 망상을 타파하지 못하면 공부분상에선 이것도 마구니 경계이다. 마구니 경계에는 좋은 경계도 있고 나쁜 경계도 있다. 좋은 경계로서 마구니 경계는 능엄경에서 천마天魔라고 한다. 하늘 신들이 받는 축복과 복록에 취해서 복만 없애고 공부에 조금도 진전이 없는 것이 천마이다. 이것이 침공체적이다.

혹시 머리가 무거워지고 몽롱해지거나 마음이 들뜰 때는
정신을 바짝 차려서
한두 번 소리 내어 화두를 챙겨 가면
저절로 모든 마군魔軍이 없어질 것이다.

눈이 편안하면 마음이 편안하고
마음이 편안하면 몸도 편안하리라.

선정을 얻었을 때
이 선정으로 모든 공부가 끝났다고 생각해서는 안 된다.

혹 화두를 잊어 공空에 떨어져
고요한 경계에 빠진다면
큰 깨달음을 얻지 못하고
도리어 이것이 큰 병통이 된다.

7. 吾祖[1]西來하여

單提直指 以大悟爲入門하고

不論禪定[2]神通[3]이니

此是末邊事[4]일새니라.

若於定中 得悟明者는

智慧卻能廣大하여

水陸[5]並進也하리라.

---

1. 오조吾祖: 달마 대사를 말한다. 『육조단경』 참조.

   내가 본디 이 땅으로 찾아 온 뜻은   吾本來玆土
   법을 전해 모든 중생 구제함이라   傳法救迷情
   한 꽃에서 다섯 잎이 돋아나리니   一花開五葉
   그 결과는 자연스레 이루어지네   結果自然成

2. 선정禪定: 마음이 집중되어 고요하고 편안한 것.
3. 신통神通: 신통이란 어떤 공간이든 걸림 없이 갈 수 있는 신족통神足通, 중생계의 어떤
   곳이든지 볼 수 있는 천안통天眼通, 중생계의 어떤 소리라도 들을 수 있는 천이통天耳通,
   다른 사람의 마음을 아는 타심통他心通, 다른 사람의 모든 과거를 아는 숙명통宿命通,
   번뇌가 완전히 사라진 누진통漏盡通 이 여섯 가지를 말한다.
4. 말변사末邊事: 근본이 아닌 곁가지.
5. 수륙병진水陸並進: 물이든 뭍이든 어떤 난관이라도 헤쳐 나갈 수 있다는 뜻.

우리 조사 달마 스님께서 인도에서 오셔
'큰 깨달음으로 도에 들어가는 것'
곧바로 이것만을 가르치고
선정이나 신통을 거론하지 않았으니
이것들은 근본을 벗어난 곁가지였기 때문이다.

선정 가운데서 환한 깨달음을 얻은 사람은
지혜가 넓고 커서 바다이든 육지이든
어떤 난관에서도 거침없이 앞으로 헤쳐 나갈 것이다.

8. 工夫가 若到濃一上淡一上하여

 無滋味時

正好進步하여

漸入程節[1]이니

切不可放捨니라.

惺惺하면 便入靜하리니

靜而後에 定이니라.

定各有名이어 有邪有正이니 宜知之어다.

9. 起定後

身心이 輕淸하여

一切處에 省力이라.

於動中에도 打成一片[2]커든

當仔細用心이어다.

---

1. 정절程節: 길을 가는데 있어 중요한 길목을 뜻함. 여기서는 공부해 나가는데 있어 중요한 고비를 말한다.
2. 타성일편打成一片: 화두에 몰입되어 화두와 하나가 되는 경계.

공부가 잘 되기도 하고 안 되기도 하여

아무 재미가 없는 때

이 때 공부에 더 나아가서

점차 더 깊은 곳으로 들어가야 하니

절대로 화두를 놓쳐서는 아니 되느니라.

마음이 깨어 있으면 고요한 경계에 들어가리니

고요한 경계 뒤에 선정을 이룰 수 있음이라.

선정에도 바른 선정과 삿된 선정이 있으니

이를 잘 알아야만 하느니라.

선정에서 일어난 뒤에는

몸과 마음이 맑고 가벼워져서

어떤 곳에도 힘이 안 든다.

움직이는 가운데에서

화두와 하나가 되었거든

그 자리에서 화두를 놓치지 말고

세밀하게 화두를 챙길지어다.

10. 趁逐工夫하되

始終 不離靜淨二字니라.

靜極이면 便覺하고

淨極이면 光通達하니라.

11. 氣肅風淸[1]하여

動靜境界

如秋天相似時

是第一箇程節이라.

便宜乘時 進步니라.

---

1. 기숙풍청氣肅風淸: 몸 안의 기운이 엄숙하고 맑은 것을 말한다.

공부를 해 나가되 처음부터 끝까지
맑고 고요한 경계를 떠나지 말아야 한다.

고요한 경계가 지극하면 바로 깨치고
깨끗한 경계가 지극하면
부처님의 빛이 통할 것이니라.

기운이 엄숙하고 맑아서
일어나 움직이든 가만히 앉아 있든
그 경계가 마치 가을 하늘 같을 때
이것이 첫 번째 고비이다.

이 경계에 이르면 앞으로 더 나가야만 하느니라.

12. 如澄秋野水하며

如古廟裏香爐相似하듯

寂寂惺惺하여

心路不行時

亦不知有幻身在人間하고

但見箇話頭 綿綿不絶이라.

到這裏하여

塵將息하고

而光將發하리니

是第二箇程節이니라.

於斯에 若生知覺心[1]則

斷純一之妙하리니 大害也이니라.

---

1. 여기에 있는 지각심知覺心은 깨달았다는 마음 내는 것을 말한다.

이 경계는

마치 가을 들판에 있는 맑은 물처럼

옛 사당 안에 있는 향로처럼

고요한 경계에서 마음이 깨어 있어

마음 가는 길이 끊어졌을 때는

이 허깨비 같은 육신이 인간에게 있는 줄도 알지 못하고

오직 화두만 이어져서 끊어지지 않는 것을 볼 뿐이다.

이 경계에 이르러

들끓는 마음이 쉬어지고

부처님의 빛이 드러나리니

이것이 두 번째 고비이다.

여기에서 깨달았다는 마음을 내면

순수하고 오묘한 맛이 끊어지리니 크게 해로우니라.

13. 無此過者

動靜一如하고

寤寐惺惺하여

話頭現前이라.

如透水月華하듯

在灘浪中에도 活潑潑[1] 일새

觸不散하고 蕩不失時

中寂不搖하고

外撼不動矣리니

是第三箇程節이니라.

疑團이 破하여

正眼開近矣니라.

---

1. **활발발**活潑潑: 물 위로 기운차게 톡톡 뛰어오르면서 발랄하고 자유롭게 노는 물고기의
   모습이다.

이런 허물이 없는 사람은
움직이든 가만히 앉아 있든
그 마음이 한결같고
자나 깨나 깨어 있어
화두가 눈앞에 나타난다.

마치 물에 비친 달빛과 같아
세찬 여울 물결 속에서도 반짝반짝 살아 있기에
만져도 흩어지지 않고 쓸어버려도 없어지지 않을 때
중심이 고요하여 흔들리지 않고
밖에서 흔들어도 움직이지 않으리니
이것이 세 번째 고비이다.

의심 덩어리가 깨져
바른 안목이 열릴 때가 가까워졌느니라.

14. 忽然 築着磕着하여

唪地絶 爆地斷[1] 洞明自己하여

捉敗佛祖 得人憎處라도

又宜見大宗匠하여 求煅煉하고 成大法器이지

不可得少爲足이니라.

15. 悟後 若不見人하면

未免不了後事하니

其害非一이리라.

或於佛祖機緣[2]上에

有礙處하면

是悟淺하여 未盡玄妙이니라.

---

1. 졸지절폭지단啐地絶爆地斷: 졸지절은 병아리가 알껍데기를 쪼고 나올 때이고, 폭지단은 밤을 구울 때 껍데기가 탁 터지는 순간이다. 여기서는 중생의 무명을 깨치고 부처님의 깨달음을 얻는 순간을 비유한 것이다.
2. 불죠기연佛祖機緣: 부처님과 조사 스님들이 중생들의 근기에 맞추어서[機] 깨달음을 주는 인연들을[緣] 말한다.

홀연 댓돌 맞듯 맷돌 맞듯 근본 이치에 마음이 맞아떨어져

무명을 타파하고 자기를 환하게 밝혀서

사람들이 제대로 알지 못하기에 미워하는

부처님과 조사 스님들의 마음자리를 움켜잡았더라도

다시 큰스님을 찾아 가르침을 받고 큰 법을 담을 만한 그릇이 되어야지

법을 조금 얻은 것으로써 만족해서는 아니 되느니라.

깨달은 뒤에 큰스님을 만나지 못한다면

뒷일을 알지 못하니

그 피해가 하나 둘이 아니리라.

부처님과 조사 스님들이

중생들의 근기에 맞추어 깨달음을 주는 인연들에서

의심이 있어 막히는 곳이 있다면

이는 깨달음이 얕아서 현묘한 도리를 다 얻지 못한 것이니라.

16. 旣盡玄妙이면

又要退步하여 韜晦[1]保養하고

力量全備하여 看過藏敎[2]儒道諸書니라.

消磨多生習氣하고

淸淨無際 圓明無礙라야

始可高飛遠擧이니

庶得光明盛大하여야

不辱先宗하리라.

---

1. 도회韜晦: 회광도적晦光韜跡을 줄인 말이다. 깨닫고 난 뒤에 자신의 공부를 남들에게
   드러내지 않고 인연 따라 사는 것을 말한다.
2. 장교藏敎: 부처님의 가르침을 경장經藏, 율장律藏, 논장論藏으로 갈무리해 놓은 것이니
   팔만대장경을 통틀어 말한 것이다. 조사 스님들의 어록을 모아 놓은 것은 선장禪藏이라고
   한다.

현묘한 도리를 다 얻었으면
한 걸음 물러나서 세상에 자신의 공부를 드러내지 않고
팔만대장경이나 유교나 도교의 온갖 서적들을 다 보면서
역량을 온전히 길러야만 한다.

여러 생에 걸쳐 몸에 밴 나쁜 버릇들을 없애고
끝없이 맑고 깨끗하고 오롯하게 걸림이 없어야
비로소 높이 멀리 날 수 있으니

빛나는 광명이 가득하여야
옛 조사 스님들의 종풍을 더럽히지 않을 것이다.

17. 其或換舊時行履處 未盡하면

便墮常流하리라.

更若說時 似悟나

對境이면 還迷하여

出語如醉人하고

作爲似俗子니라.

機不識隱顯하고

語不知正邪하며

撥無因果하니 極爲大害니라.

先輩의 正之與邪에

大有樣子니라.

혹 옛날 버릇을 다 바꾸지 못한다면
늘 부질없이 살던 옛 중생들의 인연 속에 떨어지리라.

앞에 나서서 말할 때는 깨친 듯하나
현실 경계를 대하면 어리석어져
하는 말들이 술 취한 사람 같고
하는 짓들이 속인과도 같다.

기틀이 숨어 있는 것인지 드러난 것인지를 알지 못하고
말이 바른 것인지 삿된 것인지를 알지 못하며
인과의 도리를 부정하니 지극히 피해가 크도다.

선배들의 바른 삶과 삿된 삶 속에는
큰 본보기가 있느니라.

18. 了事者 生死岸頭에서

能易麤爲細이고 能易短爲長이라.

以智光明解脫로 得出生一切法三昧王하리니

以此三昧[1]故로 得意生身[2]일새

向後 能得妙應身信身[3]이라.

道如大海하여 轉入轉深하리라.

19. 達摩[4] 有頌云하되

悟佛心宗은 等無差互나 行解相應하여야 名之曰祖라.

更莫說宗門中에 有超佛越祖底作略하라.

聰上人은 信麼아.

信與不信은 向後自知하리라.

---

1. 삼매三昧: 정정을 설명한 부분을 참조한다.
2. 의생신意生身: 부모에게서 받은 윤회하는 몸이 아니라 공부를 많이 한 보살들이 고달픈
   중생들을 제도하기 위해 방편으로 이 세상에 오는 몸을 말한다.
3. 묘응신妙應身 신신信身: 묘응신은 오묘하게 중생의 부름에 응하는 부처님의 몸을 말하고,
   신신은 믿음으로 성취한 부처님의 몸을 말한다.
4. 달마達摩: 달마達磨라고 쓰기도 하는데 이 표현은 『조당집』(952) 『송고승전』(958) 『전등록』
   (1004) 등 선종의 후기 문헌에서 사용된 것이다.

일을 마친 사람은 생사의 언덕에서
거친 번뇌를 미세한 번뇌로 바꾸고
단점을 장점으로 바꾼다.
지혜 광명의 해탈로 모든 법을 낼 삼매의 왕을 얻으리니
이 삼매로 마음대로 가질 수 있는 몸을 얻기에
뒷날 오묘하게 중생의 부름에 부응하는
그리고 믿음으로 이루어진 부처님의 몸을 얻는다.
도는 큰 바다와 같아서
들어가면 들어갈수록 더욱 깊은 맛이 난다.

달마 스님께서는 게송으로
"부처님 마음을 깨치는 근본은
평등하여 차별이 없으나
알고 행하는 것이 서로 맞아떨어져야 조사라 할 수 있다."고
말씀하셨다.

다시 종문宗門 가운데에서
부처님과 조사 스님을 뛰어넘는 책략이 있다고 말하지 말라.
총 스님은 내 말을 믿느냐?
믿고 믿지 않는 것은 뒷날 스스로 알게 되리라.

몽산 스님의 무자 열 단락

蒙山和尙 無字十節目

蒙山和尙 無字 十節目

1. 僧이 問趙州하되 狗子도 還有佛性也 無이까.

州 云하되 無라.

蠢動含靈 皆有佛性이어늘

趙州 因甚道無오.

若言趙州禪

口皮邊[1]으로 照顧라면

他日에 喫鐵棒하리라.

---

1. 구피변 口皮邊: 본 뜻은 모르고 입으로만 나불거리는 것이다.

1. 미물들에게도 다 불성이 있거늘

어떤 스님이 조주 스님에게 "개에게도 불성이 있습니까?" 물으니
조주 스님께서는 "없다"라고 답변하셨다.

꿈틀거리는 조그마한 미물들에게도 다 불성이 있거늘
조주 스님께서는 무슨 까닭으로 '없다'라고 말씀하셨는가?

만약 조주 스님의 선禪을
말로 밝힐 수 있는 것이라고 한다면
뒷날 쇠몽둥이로 맞으리라.

2. 殊不知

三世諸佛 骨髓와 歷代祖師 眼目을

一期에 掀出하야 在爾面前이로다.

性燥漢[1]이 一肩에 擔荷得去하면

山僧 柱杖子로도 亦未肯打爾在하리니

且道하라 畢竟에 如何오.

---

1. 성조한性燥漢: 성미 급한 사람을 말하는데, 여기서는 법이 아닌 것을 조금도 용납하지
   않는 사람의 뜻으로 쓰였다. 법을 듣고 역대 조사의 안목을 단숨에 아는 최고의 상근기이다.

2. 역대 조사의 안목을 한 번에 드러내

과거 현재 미래
모든 부처님의 골수와 역대 조사의 안목을
한번에 드러내서
네 코 앞에 놓아 둔 줄 조금도 알지 못하는구나.

성미 급한 사람이 한 어깨에 걸치고 가버리면
산승의 주장자로도 그를 어쩌지 못할 것이니
한번 일러 보아라, 끝내는 어떠한고?

3. 只這箇無字

全無巴鼻하되

有些巴鼻[1]하니라.

或者가 謂하되

是는 斷命刀子이며

開差別智[2]底鑰匙라고하나

好與三十棒이로다.

是는 賞耶아 罰耶아.

直饒道得諦當이라도 爾在甚處에 見趙州오.

---

1. 파비巴鼻: 파巴는 잡는다는 뜻이요 비鼻는 코인데, 코를 잡듯이 잡을 곳이 있다는 의미이다. 전체에 있어서 뭔가 잡아낼 데가 있다는 것이다. 화두는 원래 손 댈 데가 없는데 '무無'자라는 말이 튀어나와 그 '무'자가 있으니 잡을 데가 있고 손볼 데가 있게 된다. 화두에서는 손댈 데가 전혀 없지만 공부하는 납자에게 문자로 화두를 던져 줄 때는 공부할 여지가 있게 된다. 이렇게 해서 '무'자 화두를 참구하게 되면 이것이 중생의 시비분별을 끊고 공부에 들어갈 수 있게 하는 역할을 해준다. '무'자에 들어가서 화두와 하나 되어 깨달음을 얻게 되면 깨달음을 얻는 자리인 빈 마음에서 중생들의 온갖 기연에 맞추어서 법을 베풀 수 있는 차별지를 얻게 된다. 이렇게 말했지만 이렇게 말한 것도 몽둥이 삼십 방을 맞을 일이다. 그래서 때리는데 '이것이 상이냐 벌이냐'라는 뜻이다.
2. 차별지差別智: 중생의 근기에 맞추어 나타난 온갖 차별을 남김없이 아는 지혜이다.

3. 몽둥이 삼십 방을 맞을 일이로다

다만 이 "없다"라는 말 한마디에는
손댈 데가 전혀 없으면서도
손댈 데가 약간 있기도 하느니라.

어떤 이들은 이것을
'목숨을 끊는 칼'이라 하기도 하며
'모든 것을 아는 지혜를 여는 열쇠'라 하기도 하지만
이는 모두 몽둥이 삼십 방을 맞을 일이로다.

이 삼십 방은 상이겠느냐, 벌이겠느냐?
설사 옳게 이를지라도, 그대는 어느 곳에서 조주를 보았는고?

4. 盡道하되

趙州古佛[1]의 眼光이 爍破四天下라하나

觀其道箇無字하니

性命이 落在本色衲子[2]手裏라.

有一等人이 更向他無字上하여 討滋味하나

豈不鈍置平生이리오.

雖然이나 趙州道無를 爾作麽生會오.

趙州露刃劍이 寒霜光焰焰하니

擬議問如何하면

分身作兩段하리라.

喝

癡人面前에 不得說夢이로다.

---

1. 고불古佛: 과거 모든 부처님을 뜻하거나 덕이 높은 스님을 존칭해서 쓰는 말이다.
2. 본색납자本色衲子: 본분을 알고 있는 스님을 말한다.

4. 어리석은 사람 앞에서 꿈 이야기를

"조주 고불古佛의 눈빛이 빛나
동서남북의 천하를 비춘다."고 모두가 말하였다.

하지만 이 "없다"라고 말한 곳을 보니
그 생명이 본분 납자의 손안에 떨어져 있다.

잘났다고 하는 사람들이
저 "없다"라고 한 말에서 재미를 보려고 하지만
이것이 어찌 평생을 어리석게 보내는 짓이 아니겠느냐?

그렇더라도 조주가 말한 "없다"를 그대는 어떻게 알 것이냐?

조주의 번뜩이는 칼날에 찬 서릿발이 서려 있으니
머뭇거리면서 '어떠한고?'를 묻는다면
조주의 칼날에 그대 몸은 두 동강이 나리라.

"할!" 하고 이르시되

"어리석은 사람 앞에서 꿈 이야기를 할 수가 없도다."

5. 要且我王庫內 無如是刀_{하리니}

畢竟_에 趙州 是何面目_{고.}

妙喜¹ 道_{하되}

不是有無之無_{이며}

不是眞無之無_{라하니}

還識妙喜麼_{아.}

若不具眼_{하면}

又去東卜西度_{하여} 轉添意識_{하리니}

切忌切忌_{로다.}

靈利漢_은 且道_{하라.}

趙州意 作麼生_{고.}

---

1. 묘희妙喜(1089-1163): 송대宋代 임제종 양지파 승려이다. 법명은 종고宗杲, 자는 대혜로서 안휘성安徽省 선주宣州 영국현寧國縣에서 태어났다. 조동종 스님들을 많이 찾아다니다가 변경汴京 천녕사天寧寺에서 원오 선사의 법을 받고 경산 능인사能仁寺에서 법을 크게 펼쳤다. 저술로는 『정법안장正法眼藏』 6권, 『대혜어록大慧語錄』 30권, 『법어法語』 3권, 『대혜보각선사보설大慧普覺禪師普說』 5권, 『종문무고宗門武庫』 1권, 『서장書狀』 2권 등이 있고, 그의 법을 이은 제자들이 구십여 명이 있었다. 그는 특히 묵조선默照禪의 병폐를 지적하여 활구活句 참선을 강조하였다.

5. 조주의 뜻은 어떠한고

임금님의 창고 속에는 이런 칼이 없으리니
참으로 조주의 면목이 어떤 것인고?

묘희 스님께서는
"이 '없다'라는 무無자는 유무有無의 무無도 아니고 진무眞無의 무無도
아니다."라고 하셨으니

묘희 스님의 이 뜻을 알겠느냐?

이 뜻을 아는 안목을 갖추지 못했다면
또 이리저리 헤아려서 자기 생각만 더해질 것이니
삼가고 또 삼갈 일이로다.

똑똑한 사람들은 한번 일러 보아라.
조주의 뜻은 어떠한고?

6. 近來 多道하되
無字 是鐵掃箒라하니

趙州意 果如是不아.

有引他後語하여 爲證者
錯了也瞎漢이로다.

莫將閑學解하여
埋沒祖師心이어다.

喝.

6. 부질없이 배운 알음알이를 가지고

요즈음 많이들
"무無자 화두는 무쇠 빗자루다."라고 말하니

조주 스님의 뜻이 과연 그런 것인가?

여기에 다른 뒷말을 끌어다 증명하는 것은
잘못된 일로서 눈 먼 놈의 짓이로다.

부질없이 배운 알음알이를 가지고
조사 스님의 마음을 죽이지 말지어다.

할!

7. 有云하되

無字 是繫驢橛이라하니

爾在何處에 夢見趙州오.

欲得不招無間業이면
莫謗如來正法輪이어다.

許多弊病 都拈去也하니
畢竟에 這箇無字 落在甚處오.

7. 여래의 바른 법을 비방하지 말지어다

어떤 사람이
무無자 화두는 나귀를 묶어 두는 말뚝이라고 하니

그래서야 꿈엔들 조주 스님을 볼 수 있겠느냐?

 끝없이 지속되는 지옥의 고통을 받지 않으려면
여래의 올바른 법을 비방하지 말지어다.

허다한 폐단을 다 집어냈으니
마침내 이 "없다"라는 뜻은 어디에 있겠는고?

8. 這箇無字

有心無心 俱透不得이라.

棄命하고 向未擧已前 着眼하여

忽然 再甦 了徹無餘하면

一千七百則公案 誰敢向爾面前하여 拈出하리오.

諸佛祖 大機用인 神通三昧 三玄三要[1]

種種差別智 一切無礙慧 盡從此出이니라.

雖然이나 那箇是爾自己오.

---

1. 삼현삼요三玄三要: 임제 스님이 학인을 가르치는 방법이다. 『임제록臨濟錄』 상당上堂에서 임제 스님은 "한마디 말에 세 가지 현문玄門을 갖추어야 하고, 하나의 현문에 삼요三要를 갖추어야 방편이 있고 그 쓰임새가 있게 된다."고 말하였다. 허지만 임제 스님은 삼현삼요三玄三要의 내용을 명확히 밝혀 두지는 않았다. 아마 삼현삼요를 말한 목적은 사람들이 한마디 말에서 그 말이 갖고 있는 방편과 실상을 알게 하고자 하는 뜻이 아니었을까? 뒷날 선을 하는 이들이 이에 저마다 나름의 해석을 달고 있다. 예를 들면 삼현에서 첫째는 체중현體中玄이니, 근본바탕을 들여다보는 것이다. 둘째는 구중현句中玄이니, 언어에 구속되지 않고 깊은 이치를 깨닫는 것이다. 셋째는 현중현이니, 모든 상대적 논리와 어구의 질곡을 벗어난 현묘한 말들을 가리킨다. 부처님 법을 물었는데 '마른 똥 막대기'라 하는 것처럼 논리도 없고 설명도 없으나 이 말 한마디에 부처님의 골수가 들어 있어 중생을 깨치게 한다. 또 『인천안목人天眼目』 1권에 실린 분양선소汾陽善昭의 말에 의할 것 같으면 삼요三要 가운데에서 처음 일요一要는 언어에 분별 조작이 없는 것이요, 두 번째 이요二要는 모든 성인들이 바로 현묘한 이치로 들어가는 것이요, 세 번째 삼요三要는 언어의 길이 끊긴 이치를 말한다. 『임제의현선사어록臨濟義玄禪師語錄』 서문, 『오가현지찬요五家玄旨纂要』 상권, 『선학의 황금시대禪學的黃金時代』 참조.

8. 어느 것이 그대 자신이겠느냐

이 "없다"라는 무無자는

유심有心이나 무심無心으로도 통할 수 있는 것이 아니니라.

죽을 각오로 화두 들기 이전 자리에 눈을 떠서

홀연 다시 태어나 남김없이 모든 것을 환히 알면

일천칠백 공안을 누가 감히 그대 면전에 내놓을 수 있겠느냐?

모든 부처님과 조사 스님의 대기대용大機大用인

신통삼매神通三昧와 삼현삼요三玄三要와

온갖 것을 아는 지혜와 거리낌이 없는 지혜가

모두 다 여기에서 나왔느니라.

그렇더라도 어느 것이 그대 자신이겠느냐?

9. 一大藏敎 是箇切脚[1]인데
曾切着者箇無字否아.

靈利漢이 直下掀飜
洞明自己하여 捉破趙州하고
勘破佛祖 得人憎處하면
許爾道 大藏敎 是拭瘡疣紙하리라.

雖然如是나
者箇無字 從何處出고.

---

1. 절각切脚: 부처님 마음을 알아내기 위해서 주를 달아 놓은 것이 팔만대장경이라는 뜻이다.

9. "없다"라는 말 한마디는 어느 곳에서 나왔는고

부처님이 말씀하신 팔만대장경은 모두
부처님의 마음을 간절히 설명한 것인데
일찍이 이 "없다"라는 말 한마디도
간절히 설명해 놓은 것이 있었느냐?

똑똑한 사람들이 바로 확 뒤집어서
자신을 환히 밝혀 조주 스님의 뜻을 알고
부처님과 조사 스님들이 사람들에게
미움 산 곳을 타파해 버린다면 그대가 팔만대장경을
피고름 닦은 종이라고 말하더라도 인정하리라.

그렇다 하더라도 이 "없다"라는 말 한마디는
어느 곳에서 나왔는고?

10. 如是主張箇無字에

有甚奇特고.

宗門中 許多公案에

還有要妙 過此無字者否아.

若有라면

何得如是品題[1]他하며

若無라면

未有趙州時

豈無佛祖리오.

具眼衲僧은

一點難謾이니

速道하라.

---

1. 품제品題: 일등품인지 이등품인지 무無자 화두의 가치를 논하는 일이다.

10. 속히 이 도리를 일러 보아라

이와 같이 이 "없다"라는 말 한마디를 주장하는 데에
무슨 특별한 점이 있는고?

종문宗門의 많은 공안 가운데
이 "없다"라는 말 한마디보다 더 요긴하고 오묘한 것이 있었느냐?

만약 있었다면
어찌 이처럼 "없다"라는 말 한마디만 논하고 있을 것이며
만약 없다고 한다면
조주 스님이 계시지 않았을 때라고
어찌 부처님과 조사 스님들이 이를 깨치지 못했겠느냐?

바른 안목을 갖춘 납승들은
한 점도 속이기 어려우니
속히 이 도리를 일러 보아라.

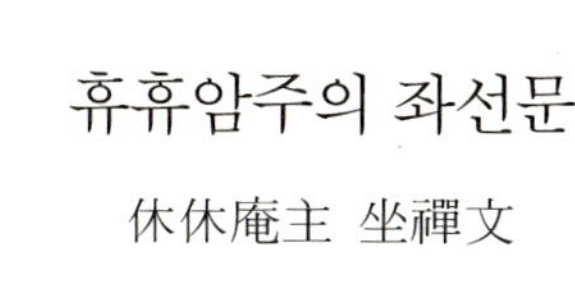
휴휴암주의 좌선문
休休庵主 坐禪文

休休庵主[1] 坐禪文

1. 夫坐禪者

須達乎至善하여

當自惺惺이라.

截斷思想하여

不落昏沈을

謂之坐요

在欲無欲하며

居塵離塵을

謂之禪이라.

---

1. 휴휴암주休休庵主는 몽산 스님을 말한다.

좌선坐禪이란 모름지기
지극한 선善을 통달하여
환하게 마음이 깨어 있어야 한다.

모든 생각을 끊어
머리가 무거워지고 몽롱해지는 경계에
떨어지지 않는 것을 좌坐라 하고

욕심의 세계에 있으면서도 욕심이 없고
번뇌 속에 있으면서도 번뇌를 떠나 있는 것을
선禪이라고 한다.

2. 外不放入하고
內不放出을
謂之坐요

無着無依하여
常光現前이
謂之禪이라.

外撼不動하고
中寂不搖를
謂之坐요

廻光返照하여
徹法根源을
謂之禪이라.

바깥에서 어떤 경계도 들어오지 않고
안에서 어떤 마음도 내놓지 않는 것을
좌坐라 하고

집착할 것도 없고 의지할 것도 없어서
늘 마음의 빛이 환히 드러나 있는 것을
선禪이라고 한다.

밖에서 흔들어도 마음이 움직이지 않고
속마음도 고요하여 흔들리지 않는 것을
좌坐라 하고

마음의 빛을 돌이켜서 법의 근원을
남김없이 환하게 아는 것을
선禪이라고 한다.

3. 不爲逆順惱하고

不爲聲色轉을

謂之坐요

燭幽則 明愈日月하고

化物[1]則力勝乾坤을

謂之禪이라.

於有差別境에

入無差別定이

謂之坐요

於無差別法에

示有差別智를 謂之禪이라.

---

1. 화물化物: 중생을 교화하다. 물物은 중생이란 뜻이다.

좋은 경계 나쁜 경계에서도 고민하지 않고
모양과 소리에도 집착하지 않는 것을
좌坐라 하고

어두운 데를 비추면 그 밝음이 해와 달보다 더 밝고
중생을 교화함에는 그 힘이 하늘과 땅의 힘보다 더 수승한 것을
선禪이라고 한다.

차별 경계에서
차별이 없는 선정에 들어가는 것을
좌坐라 하고

차별이 없는 법에서
'온갖 차별을 아는 지혜가 있음'을 보이는 것을
선禪이라고 한다.

4. 合而言之_{하면}

熾然作用_{하나} 正體如如_{하여}

縱橫得妙_{일새}

事事無礙_를

謂之坐禪_{이니라.}

略言如是_나

詳擧_{하면}

非紙墨能窮_{이니라.}

뭉뚱그려 말하면

치열하게 쓰이나 올바른 바탕은 여여如如해서

종횡으로 자유자재 오묘한 힘을 얻기에

온갖 일에 조금도 거리낌이 없는 것을

좌선坐禪이라고 한다.

좌선에 대하여

간략히 이렇게 말하고 있지만

자세히 말하자면

그 내용은 이 세상의 종이와 먹으로도 다 쓰지 못한다.

5. 那伽大定[1]은

無靜無動이라.

眞如妙體는

不滅不生이어

視之不見하며 聽之不聞이라.

空而不空이며

有而非有라.

大包無外[2]하고

細入無內[3]하니

神通智慧 光明壽量 大機大用이 無盡無窮하니라.

---

1. 나가대정那伽大定: 나가那伽는 梵語 nāga의 음역으로서 용이나 코끼리, 또는 번뇌가 없다는 뜻이다. 용이나 코끼리는 바다와 육지의 왕으로서 부처님에 비유되고, 번뇌가 없다는 것도 부처님을 의미한다. 대정大定은 부처님의 선정을 말한다.
2. 대포무외大包無外: 마음의 크기를 이야기할 때 많이 쓰는 표현이다. 그 크기를 측량할 수 없는 우주처럼 바깥이 없도록 큰 것도 둘러싼다는 뜻이다. 우주도 우리 마음이 만들어 낸 것으로서, 그 우주의 크기도 우리 마음에 들어가면 한줌 밖에 안 되니, 우리 마음은 바깥이 없도록 큰 것도 싸안을 정도로 크다는 것이다.
3. 세입무내細入無內: 안이 없다는 것은 제일 작은 것을 뜻한다. 어떤 것이든 안이 있으려면 면적을 가져야 한다. 그러므로 안이 없다는 것은 공空이다. 공은 면적 자체가 없다. 상상하지 못할 작은 면적을 마음은 만들어 내기 때문에 마음은 그 안에 들어갈 수 있다. 마음이란 크기도 하지만 작기로 친다면 안이 없는 것에도 들어갈 정도로 작다는 것이다.

122

부처님의 선정은
고요할 것도 없고 움직일 것도 없다.

진여의 오묘한 바탕은
없어질 것도 아니고 생겨날 것도 아니어서
보되 보는 것이 아니며 듣되 듣는 것이 아니다.

공空이면서 불공不空이며
유有이면서 비유非有이다.

그 크기는 바깥이 없는 것을 둘러쌀 만큼 크고
그 가늘기는 들어갈 속이 없는 것에 들어갈 만큼 가느니
신통과 지혜와 광명과 생명력 대기대용大機大用은 그 끝이 없느니라.

6. 有志之士는

宜善參究하고 急着精彩하여

以大悟爲入門이니라.

囫地一聲後

許多靈妙가

皆自具足하리라.

豈同邪魔外道

以傳受로 爲師資하고

以有所得으로 爲究竟者哉리오.

도에 뜻이 있는 사람은

잘 참구하고 정신을 바짝 차려

큰 깨달음으로써 부처님의 문안에 들어가야 하느니라.

아! 하는 한 소리 뒤에

신령스런 많은 오묘한 도리가 모두

저절로 다 갖추어질 것이니라.

어찌 삿된 외도로서

서로 법을 전수하여 스승과 제자가 되고

무엇 얻는 것을 공부의 끝으로 삼는 사람들과 같을 수 있겠느냐?

몽산 스님의 가르침
蒙山和尙 示衆

蒙山和尙 示衆

1. 若有來此하여
同甘寂寥者라면
捨此世緣하고
除去執着顚倒하라.

眞實爲生死大事하여서는
肯順菴中規矩하고
截斷人事하며
隨緣受用하라.

除三更[1]外 不許睡眠하고
不許出街하며
不許赴請[2]하라.

未有發明이어든 不許看讀하고
非公界請이어든
不許閱經이라.

여기에 와서 우리와 함께
고요한 부처님의 경계를 맛보려면
이 세상 인연을 버리고
집착과 잘못된 생각을 없애야 한다.

삶과 죽음이란 큰일을 위해서는
진실로 수행터의 규칙을 잘 따르고
사람들 사이를 오가며 일으키는 번잡한 일들을 끊으며
인연을 따라서 먹고 입는 것을 받아들여야 한다.

늦은 밤 이외에는 자지 말아야 하고
바깥출입도 하지 말아야 하며
공양 초대를 받아 바깥으로 나가는 일도 없어야 한다.

깨치기 전에는 글도 읽지 말고
대중과 합의된 의식을 치를 경우 말고는
경도 보지 말아야 한다.

2. 如法下三年工夫해도

若不見性通宗[1]이면

山僧 替爾하여 入地獄하리라.

이 법대로 삼 년 동안 공부해도

참 성품을 보고 종지宗旨를 통달하지 못하면

산승이 그대들을 대신하여 지옥에 들어가리라.

몽산법어
【2장】

보제 존자가
각오 스님에게 가르침을

普濟尊者 示覺悟禪人

普濟尊者[1] 示覺悟禪人

念起念滅을 謂之生死라하니

當生死之際에

須盡力提起話頭[2]니라.

話頭 純一하면 起滅이 卽盡하리니

起滅卽盡處를 謂之寂이라.

寂中에 無話頭면 謂之無記[3]라할새 寂中에 不昧話頭라야 謂之靈이니라.

卽此空寂靈知 無壞無雜이니 如是用功하면 不日成之리라.

---

1. 보제존자普濟尊者(1320-1376)는 고려 시대 스님이다. 법명은 혜근惠勤이고 호는 나옹懶翁으로서 세간에서는 나옹혜근이라고 부른다. 스무 살 때 친구의 죽음을 보고 공덕산 묘적암에서 요연了然 스님에게 출가하였다. 1348년 중국으로 가 원나라 북경에서 지공指空 스님을 뵙고 항주 정자사淨慈寺 평산처림平山處林에게서 법의法衣와 불자拂子를 받았으며, 다시 북경으로 돌아와 지공의 법의와 불자를 전해 받았다. 칙명으로 대도大都의 광제선사에 있다가 1358년 귀국하여 가는 곳마다 법을 설하면서 1360년 오대산에 들어갔다. 공민왕의 청으로 법문을 하고 1371년 왕사가 되었으며, '대조계선교도총섭大曹溪禪教都總攝 근수본지勤修本智 중흥조풍重興祖風 복국우세福國祐世 보제존자普濟尊者'라는 호를 받았다. 이색李穡이 글을 짓고 세운 빗돌과 부도가 회암사에 있다. 저술로는 『나옹화상어록懶翁和尙語錄』 1권이 세상에 전한다.
2. 화두話頭: 선종에서 참선 수행자에게 참구할 과제로 주어지는 조사 스님들의 짤막한 언구言句를 말한다.
3. 무기無記: 선도 아니고 악도 아닌 마음의 상태를 말한다. 무기에는 바른 지혜의 발생을 방해하는 유부有覆무기가 있고, 순수해서 방해하지 않는 무부無覆무기가 있다. 온갖 생각이 끊어져 공적空寂한 상태에 있을지라도 화두는 성성惺惺해야 한다. 화두를 잘 챙겨서 화두가 역력하면 마음이 편안해진다. 그런데 마음이 편안해진다고 화두를 놓아 버리고, 그 고요한 경계에 빠져서 나오지 못하는 것이 무기이다. 무기는 선도 악도 아니지만 부처님 입장에서 보면 미세한 번뇌이다.

한 생각 일어나고 없어지는 것을 생사라고 하니
생사가 일어나는 자리에서
모름지기 힘을 다하여 화두를 챙겨야만 할 것이다.

화두가 순일하면
한 생각 일어나고 없어지는 것이 사라지리니
한 생각 일어나고 없어지는 것이 사라진 곳을
고요한 경계라고 한다.

그러나 고요한 경계 가운데에
화두가 없으면 무기無記라고 하기에
고요한 경계 가운데에서도
화두를 놓치지 않아야 신령하다고 한다.

이 고요한 경계로서 신령스러운 앎은
없어질 것도 없고 섞일 것도 없는 것이니
이처럼 공부하면 곧 이룰 것이니라.

환산 선사가
몽산 스님에게 내린 법어

皖山正凝禪師 示蒙山法語

皖山正凝[1]禪師 示蒙山法語

1. 師가 見蒙山來禮하시고 先自問云하되

爾還信得及麼아.

山이 云하되

若信[2]不及이면 不到這裏어다.

2. 師가 云하되

十分信得하여도 更要持戒니

持戒하여야 易得靈驗하리라

若無戒行이면

如空中 架樓閣이니 還持戒麼아.

山이 云하되

見持五戒하노이다.

---

1. 환산정응皖山正凝(1191-1274)은 서주舒州 태호太湖 사람인데 황주黃州 쌍천영雙泉瑛에게
   출가하고, 무명성無明性 선사에게 홀연히 깨달은 바가 있었으며, 다시 민閩에 들어가
   고봉덕수孤峰德秀 선사에게 법을 받았다. 뒷날 몽산 스님에게 법을 전했으며 어록이
   몇 권 남아 있다. 『증집속전등록增集續傳燈錄』 3권 참조.
2. 신신: 진리에 대한 믿음을 말한다. 믿음은 수정주水精珠가 탁한 물을 맑게 하듯 마음을
   맑게 한다. 그러므로 『보살본업경』에서는 "모든 중생은 부처님의 품안에서 믿음으로
   근본을 삼아라." 하였고, 『지도론』에서 "부처님의 법이란 큰 바다는 믿음으로 들어갈
   수 있다."라고 하였으며, 『화엄경』에서 "믿음은 도道의 근본이요 공덕의 어머니가 된다."라
   고 말하는 것이다.

스님께서 몽산이 와서 절하는 것을 보고
"그대는 믿음이 섰느냐?"고 먼저 물으시니,

몽산이
"믿음이 서지 않았다면 여기에 오지 않았을 것입니다."라고 답하였다.

스님께서
"믿음이 충분히 섰다 하여도 다시 계戒를 가져야 하니
그래야 쉽게 영험을 얻으리라.
계행戒行이 없으면 허공에 누각을 짓는 것과 같으니
그대는 계를 지니고 있느냐?" 물으시니,

몽산이
"현재 오계五戒를 지니고 있습니다."라고 답하였다.

3. 師云하되

此後 只看箇無字[1]하되

不要思量卜度[2]하며

不得作有無解會하며

且莫看經敎語錄之類하라.

只單單提箇無字하여

於十二時[3]中 四威儀[4]內에

須要惺惺이어

如描捕鼠 如鷄抱卵하여

無令斷續하라.

未得透徹時

當如老鼠 咬棺材相似하듯

不可改移하라.

---

1. 무자無字 화두: 어느 스님이 조주 스님께 묻기를 "개에게도 부처님의 성품이 있습니까?" 하니, 조주 스님이 "무無"라고 대답하였다. 이 때 '부처님께서는 꿈틀거리는 온갖 미물들에게도 다 부처님의 성품이 있다고 하였는데, 스님께서는 어째서 무無라 했는고?'라고 참구하는 일천 칠백 공안 중의 하나이다.
2. 사량복탁思量卜度: 끊임없는 생각으로 이리저리 헤아리고 따지는 것을 말한다.
3. 십이시十二時: 하루 24시간을 말한다.
4. 사위의四威儀: 오가며 앉고 눕는 모든 삶 속의 일상생활을 말한다.

스님께서 말씀하셨다.

이 뒤로는 오직 무無자만 보되
생각으로 헤아리지 말 것이며
유有나 무無로 풀어서 알려고 하지도 말 것이며
또 경전이나 어록들을 보지도 말아야 한다.

다만 이 무無자 하나만 챙겨서
오가며 앉고 눕는 모든 삶 속에
늘 마음이 깨어 있어서
고양이가 쥐 잡듯이 하며 닭이 알 품듯이 하여
공부가 끊어졌다 이어지고 끊어졌다 이어지고 하는 일들이
없게 해야 할 것이다.

근본 자리를 확실하게 알지 못했을 때라도
배고픈 늙은 쥐가 구멍을 뚫으려 쉬지 않고
곡식 상자 모서리를 이빨로 쏠 듯해야지
화두를 함부로 바꿔서는 안 된다.

4. 時復鞭起疑하여 云하되

一切含靈[1] 皆有佛性[2]인데

趙州[3]는 因甚道無오 意作麼生고하며

既有疑時

默默提箇無字하여 廻光自看하라.

5. 只這箇無字로 要識得自己하며

要識得趙州하며 要捉敗佛祖得人憎處[4]하라.

但信我 如此說話하고 驀直做將去하면

決定有發明時節하리니 斷不誤爾니라. 云云

---

1. 함령含靈: 신령스런 기운을 머금은 모든 중생들을 말한다. 함식含識이라고도 한다.
2. 불성佛性: 부처님의 성품이다. 사람마다 본디 갖추어져 있는 자신의 참 성품을 말한다.
   이 성품은 부처님은 물론 모든 중생, 심지어는 꿈틀거리는 모든 미물에게까지 갖추어져
   있다고 한다.
3. 조주趙州(778-897): 당나라 선승으로서 어려서 출가하여 남전보원南泉普願 선사의 법을
   받고 그 문하에서 이십 년 동안 있었다. 여든 살까지 각처로 돌아다니다가 조주의 관음원
   에서 공부하는 사람들을 맞이하기를 사십 년, 당나라 소종昭宗 건녕乾寧 4년 백스무
   살에 입적하였다. 시호를 진제 대사眞際大師라고 받았고 저서로는 『진제대사어록眞際大師
   語錄』3권이 남아 있다. 그의 가르침이 참으로 커서 '조주고불趙州古佛'이라고 불렸다.
   『경덕전등록景德傳燈錄』10권, 『송고승전宋高僧傳』11권, 『연등회요聯燈會要』6권, 『오등
   회원五燈會元』4권, 『불조역대통재佛祖歷代通載』17권 참조.
4. 불조득인증처佛祖得人憎處: 부처님과 조사 스님들의 참뜻을 모르기에 사람들이 미워하는
   곳.

144

쉬지 않고 끊임없이 다시 의심을 일으켜서
"모든 중생에게 다 부처님의 성품이 있다고 하였는데
조주 스님께서는 무슨 까닭으로 무無라고 말했는고?
이 뜻은 어떠한고?" 하며

의심이 있을 때에 묵묵히 무無자를 챙겨
마음의 빛을 돌이켜서 스스로 그 자리를 보아야만 하느니라.

오직 이 무無자로만
자신을 알아야 하고
조주의 뜻을 알아야 하며
사람들이 부처님과 조사 스님들의 참뜻을 모르기에
그들이 미워하는 곳을 잡아채야 하느니라.

내가 가르친 이와 같은 말들만 믿고
바로 공부를 하여 가면
반드시 깨달을 시절이 있으리니
결단코 그대를 그르치지 않을 것이니라.

동산 숭장주가
행각을 떠나는 제자에게

東山崇藏主 送子行脚法語

東山崇藏主[1] 送子行脚法語

1. 大凡行脚[2]은

須以此道로 爲懷하리니

不可受現成供養了하고 等閒過日이니라.

2. 須是將生死二字 釘在額上하여

十二時中에 裂轉面皮[3]하고

討箇分曉하여야 始得이니라.

若秪隨群逐隊하여

打空過時하면

他時 閣羅老子 打算飯錢하리니

莫道我與爾不說이어다.

---

1. 장주藏主: 부처님 가르침을 모아 놓은 도서관을 관리하는 직책.
2. 행각行脚: 일정한 거처를 두지 않고 공부하고자 이곳저곳 훌륭한 스승을 찾아다니는
   것. 마치 떠도는 구름이나 흐르는 물과 같아서 이런 행각승行脚僧을 운수납자雲水衲子라고
   도 한다.
3. 열전면피裂轉面皮: 얼굴이 형편없이 찢길 정도로 망가진다는 것으로서, 어떤 체면치레도
   하지 않는다는 뜻.

이곳저곳 공부하러 다니는 사람들은
모름지기 이 도道를 닦는 마음으로 살아야 할 것이니
눈앞에 보이는 공양만 받고
헛되이 세월을 보내서는 안 되느니라.

모름지기 삶과 죽음의 문제를 머리맡에 두고
오가는 모든 삶 속에 이런저런 체면치레는 접어 두고
이 문제를 분명히 해결해야 옳을 것이니라.

허망한 무리들의 말만 듣고서
좋은 시절을 헛되이 보낸다면
죽을 때 염라대왕이 밥값을 달라고 할 것이니
내가 그대에게 옳은 법을 말해 주지 않았다고 하지 말지어다.

3. 若做工夫인댄

須要日日打算하며

時時點檢하되

自轉鼓起來 至二更[1]히

看那裏是得力處며

看那裏是不得力處며

看那裏是打失處며

看那裏是不打失處오.

若如此做將去하면

定有到家時節하리라.

---

1. 이경二更: 하룻밤을 다섯 단계로 나눈 데에서 두 번째. 밤 9시에서 11시 사이.

공부를 하려거든

모름지기 하루하루 빠짐없이 챙겨 가며

지속적으로 공부를 점검하되

새벽 북치는 시간에 일어나서 밤이 늦도록

'어느 곳이 힘을 얻고

어느 곳이 힘을 얻지 못하는 곳인가?'를 살펴볼 것이며

'어느 곳이 화두를 잃고

어느 곳이 화두를 잃지 아니한 곳인가?'를 살펴볼지어다.

이처럼 공부를 해 나간다면

반드시 부처님 세상에 도달할 때가 있으리라.

4. 有一般辦道[1]之人이

經不看하고 佛不禮하며

才上蒲團[2]하여 便打瞌睡하다가

及至醒來하면 又且胡思亂想하니라.

才下禪牀하여는

便與人打雜交하니

若如此辦道라면

至彌勒[3]下生하여도

也未有入手底時節하리라.

---

1. 판도辦道: 도를 닦고자 힘쓰는 것.
2. 포단蒲團: 좌선할 때 앉는 방석. 요즈음 절에서는 방석을 '좌복'이라고 한다.
3. 미륵彌勒: 이 세상에 오실 미래의 부처님.

대개 도를 닦는 사람 가운데에는

경도 보지 않고 예불도 하지 않으면서

그저 좌복에 앉아 꾸벅꾸벅 졸다가는

잠이 깨면 또 이리저리 어지러운 생각을 하는 사람들도

많이 있게 되느니라.

그러다 좌복에서 일어나 나와서는

다른 사람들과 어울려 쓸데없이 소곤소곤 하니

만약 이처럼 도를 닦는다면

미륵 부처님이 이 세상에 내려오신다 할지라도

뜻을 이룰 시절은 없으리라.

5. 須是猛着精彩하여

提起一個無字하고

畫三夜三에 與他廝睚어다.

不可坐在無事匣裏[1]이며

又 不可執在蒲團上死坐하여 須要活弄이니라.

---

1. 무사갑리無事匣裏: 화두에 대한 의심도 없이 좌선하는 시늉만 내며 우두커니 앉아 있는
   것을 말한다. 무사無事는 일이 없는 것이고 갑은 무엇을 담아 놓는 상자이다. 사람이
   앉아 있는 것이 나무 상자와 같으니 일없이 빈 나무 상자처럼 앉아 있는 것은 공부가
   아니라는 것이다. 화두에 대한 의심은 떨어지고 앉아 있는 것이 좋아서 무사안일로
   앉아 있는 것을 뜻한다.

모름지기 정신을 바짝 차리고서

무無자 화두만 챙겨

밤이나 낮이나 씨름할지어다.

화두와 씨름하는 일이 없이

가만히 앉아 있어서는 안 될 것이며

오로지 좌복 위에 죽은 듯이 앉아 있는 것으로서

이를 공부로 삼아서도 안 되느니라.

반드시 살아 있는 공부를 해야 할 것이다.

6. 恐雜念이 紛飛起時

千萬 不可 與他厮鬪니라.

轉鬪면

轉急이라.

多有人

在這裏에 不識進退하여

解免不下하고

成風成顚하여 壞了一生하니라.

온갖 어지러운 생각이 일어날 때

절대로 그 어지러운 생각들을

억지로 끊고자 씨름을 해서는 안 되느니라.

억지로 끊고자 하면 할수록

어지러운 생각들이 더 빠르게 일어날 것이다.

많은 사람들이 여기에서

나아가야 할지 물러나야 할지를 몰라서

이 고비를 벗어나지 못하고

미치광이가 되어 일생을 망치느니라.

7. 須向紛飛起處하여

輕輕放下하고

打一箇轉身下地하여 行一遭하라.

又 上床하여

開兩眼하고 捏雙拳하며

竪起脊梁하여

依前提起하면

便覺淸凉하리니

如一鍋湯에

才下一杓冷水相似하리라.

8. 但如此做工夫해야

日久月深에

自有到家[1]時節하리라.

---

1. 도가到家: 중생이 되기 전에 있던 고향집 곧 깨달음에 이른다는 뜻이다.

여기에서는 반드시
온갖 어지러운 생각이 일어나는 곳을 가볍게 떨쳐 버리고선
마당에 내려가 산책을 해야 하느니라.

그러다 다시 공부하던 자리에 올라가서
두 눈을 부릅뜨고 두 주먹을 꽉 쥐며
허리를 꼿꼿하게 펴서
전처럼 화두를 챙겨 가면
곧 시원한 느낌이 올 것이니

마치 끓는 물에
찬물 한 바가지를 끼얹는 것과 같으니라.

오로지 이처럼 공부해야
날이 가고 달이 가면서
저절로 부처님 세상에 도달할 때가 있으리라.

9. 工夫가 未得入手라도

莫生煩惱니

恐煩惱魔[1] 入心이니라.

若覺省力이라도

不可生懽喜니

恐懽喜魔 入心이니라.

種種病痛을

言之不盡이로다.

---

1. 마魔: 공부를 장해하는 마구니. 이 마구니는 밖에서 온 것이 아니라 우리 마음에서 생긴 것이다.

공부가 뜻대로 이루어지지 않더라도
쓸데없는 생각을 내지 말아야 하니
쓸데없는 생각이 마음에 들어와서
자리를 잡을까 염려가 되느니라.

공부가 조금씩 되어 가더라도
좋아하는 마음을 내지 말아야 하니
좋아하는 마음이 마음에 들어와서
자리를 잡을까 염려가 되느니라.

이런 온갖 병통을
말로 다 표현할 수가 없도다.

10. 恐衆中_에 有老成兄弟辦道者_{어든} 千萬時時 請益[1]_{하라.}

若無_{어든} 將祖師[2] 做工夫之言語_{하여} 看一遍_{하며} 如親見相似_{하라.}

11. 而今此道_에 難得其人_{이니} 千萬向前_{하라.}

望汝 早早打破漆桶[3]_{하고} 歸來爲我揩背[4]_{하노니} 至囑至囑_{하노라.}

---

1. 청익請益: 선지식에게 법을 청하여 공부에 도움 받는 것을 말한다.
2. 조사祖師: 마음을 깨친 이로서 모든 사람에게 존경을 받는 스님이다.
3. 타파칠통打破漆桶: 무명에 덮여서 어둡기가 옻을 담은 통 속과 같은 중생의 마음을 활짝 열어 큰 깨달음을 얻는다는 뜻이다.
4. 귀래위아개배歸來爲我揩背: 신찬 스님이 백장 선사를 만나 깨달은 뒤 목욕탕에서 은사 계현戒賢 스님의 등을 밀면서 "부처님 법당은 좋은데 부처님이 신령스럽지 못하구나."라고 했다. 스승이 돌아보자 신찬은 "부처님이 신령스럽진 못하지만 방광은 하는구나."라고 하였다. 또 스승이 경을 볼 때, 창호지를 바른 문 쪽으로 나가려는 벌을 보고는 게송을 읊었다.

열린 문으로 나가지 않고	空門不肯出
창호지만 뚫으려는 어리석은 벌	投窓也大癡
묵은 종이 일백 년을 들여다본들	百年鑽古紙
어느 날에 깨우침이 있을까보냐	何日出頭期

스승이 묻기를 "너는 누구를 만나 공부했느냐?"하니, 신찬이 "백장 스님의 가르침을 받았기에 스승님의 은덕을 갚고자 합니다."라고 하였다. 스승이 재계하고 법을 청하니 신찬이 게송을 읊었다.

신령스런 빛이 홀로 비추어	靈光獨耀
모든 번뇌를 벗어나 보니	迥脫根塵
그 바탕이 드러나서 참으로 영원	體露眞常
글자에 매인 세상 절대 아니네	不拘文字

참 성품은 번뇌에 물들지 않고	眞性無染
본디 스스로에 오롯함 있어	本自圓成
허망한 인연들만 벗어난다면	但離妄緣
그 자리가 여여하신 부처님 세상	卽如如佛

스승이 이 말에 크게 깨달았다.

같이 공부하는 대중들 가운데
공부를 많이 한 도반들이 있거든
간절한 마음으로
한시도 쉬지 말고 법문을 청할지어다.

그런 도반들이 없으면
조사 스님들이 공부했던 것들을 쭉 보아 나가면서
마치 큰스님에게서 직접 법문을 듣는 것처럼 해야 하느니라.

지금 이 도道에 있어서 공부하는 사람을 만나기 어려우니
부디 앞으로 향할지어다.

그대가
하루 속히 캄캄한 어둠을 타파하고 돌아와서
내 등 밀어 주기를 바라노니
공부 잘하기를 지극한 마음으로 당부하고 또 당부하느니라.

고담 화상의 법어

古潭和尙 法語

古潭和尙[1] 法語

1. 若欲參禪하려면

不用多言이라.

趙州無字 念念相連하고

行住坐臥에

相對目前하여

奮金剛志로

一念萬年하라.

---

1. 몽산 스님이 편지를 많이 주고받은 고려 스님이 만항인데 그의 행적이 전혀 알려져
   있지 않다. 그러나 이 법어로 만항 스님의 일면을 알아볼 수 있다. 고담은 만항 스님에게
   몽산 스님이 준 아호이다.

참선을 하려면
많은 말이 필요 없느니라.

조주의 무無자를 늘 염두에 두고
오가며 앉고 눕는 모든 삶 속에서
눈앞에 화두를 두어
꺾이지 않는 굳은 뜻으로
한 생각이 만 년을 가게 하라.

廻光返照하고
察而復觀하다가
昏沈散亂이면
盡力加鞭이라.

千磨萬鍊하면
轉轉新鮮하고
日久月深에 密密綿綿하여
不擧 自擧이니
亦如流泉이니라.

心空境寂하여
快樂安然하리라.

마음의 빛을 돌이켜서 그 자리를 비추고
다시 살펴보다가
머리가 무거워지고 몽롱해지거나 마음이 들뜨면
바짝 정신을 차려야 할 것이다.

이렇게 열심히 단련하다 보면
화두의 경계가 새로워지고
날이 갈수록 세밀하게 화두가 이어져서
애써 화두를 들지 않아도 저절로 들릴 것이니
이 또한 끊임없이 맑게 흐르는 샘물 같아라.

마음이 비고 경계가 고요해져서
상쾌하고 편안하리라.

2. 善惡魔來_{라도}

莫懼莫懼_{이니}

心生憎愛_{하면}

失正成顚_{하리라.}

立志如山_{하고}

安心似海_{하면}

大智如日 普照三千[1]_{하리라.}

---

1. 삼천은 삼천대천세계三千大千世界를 말한다. 수미산이 중심이 되어 그 주위를 사대주四大洲
   와 구산팔해九山八海가 둘러싸고 있는 것이 하나의 소세계小世界이고 이것이 천 개 모이면
   소천세계小千世界이다. 이 소천세계가 천 개 모이면 중천세계中千世界가 되고 이 중천세계
   가 천 개 모이면 대천세계大千世界가 된다. 이 대천세계는 소·중·대의 세 가지 천 개
   세계가 모여 되었으므로 삼천대천세계라고 한다. 모든 중생계를 다 합쳐서 말한 것이라고
   보면 된다. 『관무량수경觀無量壽經』20권, 『구사론俱舍論』11권, 『유부비내야잡사有部毘奈
   耶雜事』2권, 『왕생요집往生要集』84권 참조.

선이든 악이든

어떤 마구니가 와도

두려워하지도 말고 기뻐하지도 말지니

미워하고 좋아하는 마음을 내면

바른 뜻을 잃어 잘못되리라.

산처럼 뜻을 세우고

바다처럼 편한 마음을 지니면

태양과 같은 큰 지혜가 삼천대천세계를 비추리라.

3. 迷雲이 散盡하면

萬里靑天에

中秋寶月이 湛徹澄源하리라.

虛空發焰하고

海底生烟[1]하여

驀然磕着[2]

打破重玄하리라.

祖師公案을 一串에 都穿하니

諸佛妙理

無不周圓하리라.

---

1. 허공발염虛空發焰 해저생연海底生烟: 허공에서 활활 타오르는 불이 생겨나고 바다 밑에서
   푸른 연기가 피어난다 함은 확철대오廓徹大悟하기 전에 일어나는 자유자재한 경계를
   상징적으로 표현한 말이다.
2. 합착磕着: 축착합착과 같은 말이다. 축대를 쌓을 때 돌의 위쪽 아래쪽 아귀가 빈틈없이
   척척 들어맞는 것인데, 여기선 화두와 하나가 되어서 근본 이치에 맞아떨어지는 것을
   말한다.

구름처럼 많던 어리석음이 다 흩어지면
우주에 펼쳐져 있는 저 푸른 하늘에
추석 보름달이 환하게 두둥실 뜨리라.

허공에서 활활 타오르는 불이 생겨나고
바다 밑에서 푸른 연기가 피어나
홀연 근본 이치에 마음이 맞아떨어져
깊은 도리를 깨칠 것이다.

조사 스님들의 공안을 한 꼬챙이에 모두 꿰뚫으니
모든 부처님의 오묘한 이치가
두루 오롯하지 않는 것이 없느니라.

4. 到伊麼時

早訪高玄하여 機味[1]를 完轉하되

無正無偏이라.

明師가 許爾어든

再入林巒하여

茅庵土洞에서

苦樂隨緣하여 無爲蕩蕩하니

性若白蓮하리라.

5. 時至 出山하여

駕無底船[2]하고

隨流得妙[3]하리니

廣度人天하고

俱登覺岸하여 同證金仙[4]이니라.

---

1. 기미機味: 어떤 경계가 주어졌을 때 그 중요성을 미리 알아차리는 것.
2. 무저선無底船: 몰저선沒底船, 무영수無影樹, 무공적無孔笛, 몰현금沒絃琴과 같은 말이다.
   '깊이를 알 수 없는 깨달음'의 다른 표현으로서 어떤 곳에도 거리낌이 없는 경지를 뜻한다.
3. 수류득묘隨流得妙: 인연의 흐름을 따라서 걸림 없이 오묘한 도리를 얻는 것.
4. 금선金仙: 부처님을 뜻한다.

이런 곳에 도달할 때

빨리 눈 밝은 큰스님을 찾아서 이 경계를 살리되

무엇이 되었든

바르다거나 치우치는 견해가 없어야 한다.

눈 밝은 스승이 이 경계를 인정하면

다시 깊은 숲 속으로 들어가서

떳집이나 동굴에서 즐거움과 괴로움을

인연에 맡겨 두고 한가롭고 호탕하게 사니

그 성품이 하얀 연꽃 부처님과 같으리라.

시절 인연이 돌아오면 깊은 산에서 내려와

바닥이 보이지 않는 배를 타고

인연의 흐름에 따라 걸림 없는 오묘한 도리가 있으리니

하늘에 있는 신들과 인간들을 널리 제도하고

깨달음의 언덕에 함께 올라서서

똑같이 부처님이 될 깨달음을 증득할 것이니라.

박산 선사가
참선하는 이들에게

博山無異禪師 禪警語

博山無異[1]禪師 參禪警語[2]

1. 做工夫하되

最初에 要箇破生死心堅硬하고

看破 世界身心이 悉是假緣이어

無實主宰하라.

若不發明本具底大理則

生死心 不破하고

生死心 旣不破하면

無常殺鬼

念念不停하리니

卻如何排遣고.

---

1. 박산무이博山無異(1575-1630)의 법명은 원래元來이고 자字는 무이無異이며 조동종 스님인데 세간에서는 박산 선사라고 부른다. 수창혜경壽昌惠經에게 법을 받고 1602년 박산博山 능인사에서 법을 펴니 많은 사람이 모였다. 평생 그는 선과 정토가 둘이 아니라고 역설하였다. 남긴 저서로는 『무이선사광록無異禪師廣錄』 35권이 있다.
2. 『선경어禪警語』: 박산무이 선사의 법어를 모은 것으로서 참선의 지침서이다. 이 장은 원본 전문을 번역한 것이 아니고 앞부분에서 중요한 부분만 간추려 놓았다.

1. 본디 갖추고 있는 큰 이치를 밝히지 못하면

화두를 공부할 때에는
먼저 삶과 죽음을 해결하려는 마음이 굳세고
이 세계와 몸과 마음들이 다 거짓 인연이어서
실로 어떤 주체가 없는 것임을 알아야 한다.

본디 갖추고 있는 큰 이치를 밝히지 못하면
생사에 얽매인 마음을 없애지 못하고

생사에 얽매인 마음을 없애지 못하면
덧없이 죽음을 부르는 귀신들이
생각 생각마다 멈추지 않으리니
여기서 이를 어떻게 물리칠 것인가?

將此一念을

作個敲門瓦子[1]하되

如坐在烈火焰中 求出相似하듯

亂行一步不得하고

停止一步不得하며

別生一念不得하고

望別人救不得이니

當恁麼時하여는

只須不顧猛火하고

不顧身命하며

不望人救하고

不生別念하며

不肯暫止하고 往前直奔하여

奔得出하여야 是好手이니라.

---

1. 고문와자敲門瓦子: 대문 앞에 걸어 두는 실패 형상의 기와 조각으로서, 찾아온 손님이
   문을 열어 달라고 두드릴 때 쓰는, 오늘날의 초인종과 같은 역할을 해주는 것이다.

이 한 생각을

해탈의 문을 여는 물건으로 삼되

마치 훨훨 타는 불꽃 가운데에서 벗어나려고 하는 것과 같아

함부로 한 걸음도 내디딜 수 없고

그 자리에 가만히 있을 수도 없으며

한 생각이라도 딴 생각을 낼 수 없고

다른 사람이 구해 주기를 바랄 수도 없으니

이런 때를 당하여서는

사나운 불길도 돌아보지 말고

목숨을 돌보지도 말며

다른 사람이 구해 주기를 바라지도 말고

딴 생각도 내지 말며

잠시도 머뭇거리지 않고 곧장 앞으로 내달아서

그 자리를 훌쩍 벗어나야만

살아날 수 있는 좋은 수단이 되는 것이다.

2. 做工夫하되
貴在起疑情이니
何謂疑情고.

如生不知何來이면
不得不疑來處이고

死不知何去이면
不得不疑去處이니
生死關竅를 不破則
疑情이 頓發하리라.

結在眉睫上하여
放亦不下하고 趁亦不去하다
忽然 一朝에 撲破疑團하면
生死二字가 是甚麽閒家具오. 噁.

2. 의정을 일으키는 것이 제일 중요

화두를 공부할 때
의정疑情을 일으키는 것이 제일 중요하니
무엇을 의정이라고 하는고?

태어날 때
어디에서 온 줄을 모른다면
온 곳을 의심하지 않을 수 없고

죽을 때
죽어서 어디로 가는지를 모른다면
가는 곳을 의심하지 않을 수 없으니
생사의 관문을 깨뜨리지 못한다면
의정이 불현듯 일어나리라.

이 의정을 눈썹 위에 묶어 두어
내려놓지도 못하고 내쫓을 수도 없이 공부하다가
홀연 어느 날 아침 의심 덩어리를 깨뜨리면
생生과 사死 이 두 글자가 여기에 무슨 필요가 있겠느냐? 아-악!

3. 做工夫하되

最怕眈着静境이니

使人으로

困于枯寂이나

不覺不知로다.

動境은

人多厭하나

静境은

人多不厭이라.

良以行人이

一向 處乎喧鬧之場이라가

一與静境相應하면

如食飴食蜜이고

如人倦久喜睡이니

安得自知耶아.

3. 고요한 경계에 집착함을 제일 두려워 할 것

화두를 공부할 때
고요한 경계에 집착함을 제일 두려워 할 것이니

이 경계는 사람들로 하여금
고요한 경계에 빠져도
이것이 잘못된 경계인 줄 알지 못하게 하기 때문이다.

시끄러운 경계는
싫어하는 사람들이 많지만
고요한 경계는
사람들이 대개 싫어하지를 않는다.

실제로 수행자들이
늘 시끄러운 장소에 있다가
한번 고요한 경계를 만나면
마치 엿이나 꿀을 먹는 것과도 같고
오랜 피로 끝에 잠자기를 좋아하는 것과도 같으니
이 잘못된 경계를 어찌 스스로 알 수 있겠느냐?

4. 做工夫하되
要中正勁挺하여
不近人情이어다.

苟循情應對則
工夫 做不上하리라.

不但工夫做不上이라
日久月深에
必隨流俗阿師 無疑也리라.

4. 작은 인정에 치우치지 말아야

화두를 공부할 때
올바르고 굳건하게 하여
작은 인정에 치우치지 말아야 한다.

인정에 휘둘리면
참으로 공부를 하지 못할 것이니라.

공부를 하지 못할 뿐만 아니라
세월이 가면
반드시 속된 스승을 따라 갈 것이 틀림없느니라.

5. 做工夫人은

擡頭不見天하고

低頭不見地하니

看山 不是山하고

見水 不是水하며

行不知行하고

坐不知坐니라.

千人萬人之中이라도

不見有一人하고

通身內外가

只是一箇疑團이라.

疑團을 不破하면

誓不休心이니

此爲工夫緊要也니라.

5. 맹세코 공부하는 마음을 쉬어서는 안 되니

공부를 열심히 하는 사람은
머리를 들어도 하늘을 보지 못하고
머리를 숙여도 땅을 보지 못하니

산을 보아도 산이 아니고
물을 보아도 물이 아니며

가도 가는 줄 모르고
앉아도 앉아 있는 줄을 모른다.

수많은 사람들 속에 있더라도
한 사람도 보지 못하고
온 몸의 안팎이
오직 하나의 의심 덩어리일 뿐이다.

이 의심 덩어리를 깨뜨리지 못한다면
맹세코 공부하는 마음을 쉬어서는 안 되니

이것이 공부에 가장 중요한 것이니라.

6. 做工夫하되

不怕死不得活하고

只怕活不得死이니라.

果與疑情 厮結在一處하면

動境 不待遣而自遣하고

妄心 不待淨而自淨하리라.

六根門頭 自然虛豁豁地에

點着卽到하고 呼着卽應인데

何愁不活也이리오.

6. 헛되이 살고 있는 자신의 모습을 두려워해야

공부를 할 때
지쳐 죽는 것을 두려워하지 말고
열심히 공부하다 죽지 못하고
헛되이 살아가야 하는 자신의 모습을 두려워해야만 하느니라.

참으로 의정을 한 곳에 묶어 놓는다면
번뇌가 일어나는 경계는 없애려고 하지 않아도 저절로 없어지고
헛된 마음은 맑히려고 하지 않아도 저절로 맑아질 것이다.

육근六根의 문이 저절로 환하게 열려서,
손짓하면 오고 부르면 대답할 것인데,
어찌 살지 못할 것을 걱정하겠느냐?

7. 做工夫_{하되} 擧起話頭時

要歷歷明明_{하여}

如猫捕鼠相似_{하라.}

古所謂

不斬鼹奴_면[1] 誓不休_{라하니}

不然則

在鬼窟裏_{하여}

昏昏沈沈 過了一生_{하리니}

有何所益_{이리오.}

---

1. 이노鼹奴: 이鼹는 살쾡이를 뜻하는데 집에서 키워 쥐를 잡아먹게 하였다고 해서 이노鼹奴라
고 부르기도 했다. 선종에서는 이노를 근기가 낮은 사람이나 부처님의 법을 제대로
알지 못하는 사람에 비유하였으며, 여기서는 번뇌라고 보면 되겠다. 이노백고鼹奴白牯라는
공안은 남전 선사가 남긴 것이다.

7. 마치 고양이가 쥐를 잡듯 해야

화두를 들고 공부할 때

화두가 뚜렷하고 분명하여

마치 고양이가 쥐를 잡듯 해야 하느니라.

옛사람이 말하기를

"살쾡이를 베지 못하면 맹세코 쉬지 않으리라." 하였으니,

그렇지 않으면 귀신 굴속에 앉아서

정신이 멍해 침침하게 일생을 보낼 것이니

여기에 무슨 이익이 있겠느냐?

猫捕鼠에

睜開兩眼하고 四脚撑撑하여

只要拿鼠到口라야 始得이니

縱有鷄犬이 在傍이라도 亦不暇顧니라.

參禪者 亦復如是하여

只是憤然要明此理이니

縱八境[1]이 交錯于前이라도 亦不暇顧니라.

纔有別念이면

非但鼠라 兼走却猫兒리라.

---

1. 팔경八境: 팔풍八風 경계를 말한다. 팔풍이란 이익과 손해, 훼손과 명예, 비방과 칭찬,
   괴로움과 즐거움 이 여덟 가지를 말한다.

고양이가 쥐를 잡을 때엔
두 눈을 부릅뜨고 네 다리로 떡 버티어
반드시 쥐를 잡아 먹고야만 마니
닭이나 개가 곁에 있더라도 돌아볼 겨를이 없다.

참선하는 사람도 이와 같아서
오직 힘을 내어 이 이치를 밝히려고 할 뿐이니
온갖 경계가 눈앞에 나타나더라도 돌아볼 여가가 없다.

자칫 딴 생각이 있게 되면
쥐뿐만 아니라 고양이조차 달아나 버리리라.

8. 做工夫하되

不可在古人公案上 卜度하여 妄加解釋이니

縱一一領略得過라도

與自己 沒交涉하리라.

殊不知 古人의 一語一言이 如大火聚로서 近之不得 觸之不得인데

何況坐臥其中耶아.

更于其中에

分大分小로 論上論下라면

不喪身失命者 幾希리라.

8. 공안을 헛되게 풀이해서는

화두를 챙겨 공부할 때
옛사람의 공안을 이리저리 따져서
헛되이 풀이해서는 안 되느니라.

하나하나 그 뜻을 알아낸다 하더라도
자기의 본래 면목과는 아무런 상관이 없다.

옛사람의 말씀 한마디 한마디는
마치 큰 불덩어리와 같아서
가까이 할 수도 없고 만질 수도 없다는 것을
조금도 알지 못하는데
하물며 그 속에 앉았다 누웠다 마음대로 할 수 있겠느냐?

더구나 그 가운데
크고 작은 것으로 분별하며 위아래를 따진다면
생명을 잃지 않을 사람이 거의 없으리라.

9. 做工夫人은

不可尋文逐句하고 記言記語니라.

不但無益이라

與工夫 作障礙하니라.

眞實工夫가

返成緣慮하리니

欲得心行處絶인들

豈可得乎아.

9. 글자의 뜻만 찾고 말만 기억해서는

화두를 공부하는 사람은
글자의 뜻만 찾고 말만 기억해서는 안 되느니라.

아무런 이익이 없을 뿐만 아니라
공부에 장애가 된다.

진실한 공부가
도리어 헛된 생각들이 될 것이니
이런 생각을 가지고 마음의 자취가 끊어진 곳을 얻고자 한들
어찌 얻을 수가 있겠느냐?

10. 做工夫하되

最怕比量이니

將心湊泊하면

與道轉遠하리라.

做到彌勒下生去라도

管取沒交涉하리라.

若是疑情이 頓發的漢子라면

如坐在鐵壁銀山[1]之中하여

只要得個活路이니

不得箇活路면

如何得安穩去리요.

但恁麼做去하다

時節이 到來하면

自有箇倒斷하리라.

---

1. 철벽은산鐵壁銀山: 견고하여 뚫기 어렵고 험준하여 넘기 어려운 경계를 말한다. 보통 은산철벽이라고 한다.

10. 이것저것 따지는 일을 가장 두려워 할 것

공부할 때
이것저것 따지는 일을 가장 두려워 할 것이니
이런 마음이 모인다면
도道와는 더욱 멀어지느니라.

이런 마음으로는
미륵 부처님이 내려오실 때까지 공부를 해도
이 공부에는 아무 소용이 없으리라.

문득 의심 덩어리가 생긴 사람이라면
은산철벽銀山鐵壁 속에 앉아서
오직 살길만 찾는 사람처럼 공부할지니
이 사람이 여기서 살길을 찾지 못한다면
어찌 편안히 지낼 수가 있겠느냐?

다만 이처럼 공부해 가다
시절인연이 도래하면
저절로 공부가 끝이 날 것이다.

黃壁禪師 云하되

塵勞迥脫이 事非常일새

緊把繩頭[1]하여 做一場이어니

不是一飜寒徹骨이면

爭得梅花撲鼻香이리오.

此語가 最親切이라.

若將此偈하여 時時警策하면

工夫가 自然得上하리라.

---

1. 승두繩頭: 승繩은 목수가 나무를 재단할 때 기준을 잡기위해서 직선을 긋는 노끈인데
   여기서는 화두를 비유해 쓴 표현이다.

황벽 선사께서 말씀하셨다.

"번뇌를 다 떨친다는 것은 예삿일이 아니기에
화두를 바짝 챙겨서 공부를 이룰 지어니
추위가 한차례 뼈에 사무치지 않는다면
어찌 코를 찌르는 매화 향기를 얻을 수 있으리오?"

이 말씀이 참으로 친절한 말이니라.

이 게송을 가지고 끊임없이 경책하면
공부가 저절로 향상되리라.

11. 做工夫하되
最要緊 是個切字이니
切字에 最有力하니라.

不切則
懈怠生하고
懈怠生則
放逸縱意가 靡所不至하리라.

若用心이 眞切하면
放逸懈怠가
何繇得生이리오.

當知하라.

切之一字는
不愁不到古人田地하며
不愁生死不破이니라.

204

11. 가장 요긴한 것은 간절한 마음

화두를 공부할 때
가장 요긴한 것은 간절한 마음이니
간절한 마음에 가장 큰 힘이 있느니라.

간절하지 않으면
게으른 마음이 생기고
게으른 마음이 생기면
축 늘어져 제멋대로 살게 되느니라.

마음 쓰는 것이 참으로 간절하면
게으름과 느슨한 생활이
어디에서 생겨날 수 있겠느냐?

마땅히 알아야 한다.

간절한 마음이 있다면
옛 어른의 높은 경지에 이르지 못할까 걱정할 일이 없으며
생사를 깨치지 못할까 근심할 일이 없다.

切之一字는

當下에 超善惡無記三性하나니라.

用心이 甚切則 不思善하며

用心이 甚切則 不思惡하며

用心이 甚切則 不落無記니라.

話頭切이면

無掉擧하고

話頭切이면

無昏沈이니라.

간절한 마음은
바로 선善과 악惡과 무기無記 세 가지 성품을 뛰어넘는다.

마음 쓰는 것이 참으로 간절하면
선善도 악惡도 생각하지 않으며
무기無記에 떨어지지도 않는다.

화두가 간절하면
들떠서 흐트러질 마음도 없고
화두가 간절하면
머리가 무거워지고 몽롱해질 것도 없다.

切之一字는
是最親切句이라.

用心이 親切則
無間隙故로 魔不能入하고
用心이 親切하여 不生計度有無等則
不落外道하리라.

간절한 마음
이것이 공부에 가장 친근히 여겨야 할 말이다.

마음 씀이 간절하면
공부에 틈이 없기에 마군魔軍이 끼어들지 못하고
마음 씀이 간절하여 유有와 무無를 따지지 않으면
외도에 떨어지지 않느니라.

12. 做工夫하되
最怕思惟하여 做詩 做偈 做文賦等이라.

詩偈成則
名詩僧이요
文賦工則
稱文字僧이니
與參禪 總沒交涉이니라.

凡遇着逆順境
緣動人念處어든
便當覺破하고 提起話頭하여
不隨境緣轉하여야 始得이라.

或云 不打緊이라하는데
這三個字 最是悞人이라.

學者
不可不審이니라.

210

12. 알음알이로 시나 게송을 짓고 글을 쓰는 일

화두를 공부할 때 가장 두려워 할 것은
알음알이로 시나 게송을 지어 글을 쓰는 일들이다.

시나 게송을 지으면
시를 쓰는 승려라고 하고
글을 쓰면
글을 쓰는 승려라고 하니
참선과는 아무런 관계가 없느니라.

좋은 경계이든 나쁜 경계이든
사람의 마음을 움직일 만한 곳을 만나면
바로 알아차려 화두를 챙겨서
허튼 경계를 따라가지 말아야 할 것이다.

혹 말하기를 "너무 애 쓰지 말라." 하는데
이 말은 사람들을 가장 크게 그르치는 말이다.

도를 배우는 사람들은
이 말의 뜻을 잘 살펴서 알아야만 한다.

13. 做工夫하되

不得將心待悟어다.

如人이 行路에

住在路上하여 待到家하면

終不到家니

只須行하여야 到家리라.

若將心待悟하면

終不悟니

只須逼拶令悟요

非待悟也니라.

13. 깨달음을 기다리지 말지어다

공부할 때
깨달음을 기다리지 말지어다.

이는 사람들이 길을 감에
길에 멈춰 있으면서 집에 도달하기를 기다리면
끝내 집에 도달하지 못하는 것과 같으니
오로지 길을 가야만 집에 도달할 수 있는 것이다.

깨달음을 기다리면
참으로 깨닫지 못할 것이니

오로지 애를 써서 깨닫고자 할 뿐이요
깨달음은 기다릴 것이 아니니라.

14. 做工夫_{하되}

着不得一絲毫別念_{이라.}

行住坐臥_에

單單只提起本參話頭_{하고}

發起疑情_{하여} 憤然要討箇下落_{이니라.}

若有絲毫別念_{이면}

古所謂 雜毒入心_{하여} 傷乎慧命_{이라하니}

學者_는 不可不謹_{이니라.}

14. 조금도 딴 생각을 하지 말아야

화두 공부를 할 때
조금도 딴 생각을 하지 말아야 한다.

오가며 앉고 눕는 삶 속에서
오로지 근본을 참구하는 화두만 들고
의심을 일으켜서 거침없이 끝장을 보아야만 한다.

만약 털끝만치라도 딴 생각이 있으면 그것은
옛 스님들이 말씀했던 "번뇌가 생겨 순수한 마음을 해친다."는 것이니
도를 배우는 사람들은 조심하고 또 조심해야 할 일이니라.

余云 別念은

非但世間法이라

除究心之外

佛法中一切好事라도

悉名別念이니라.

又 豈但佛法中事리오.

於心體上에

取之捨之

執之化之가

悉別念矣니라.

216

내가 말한 딴 생각이란
세간에 있는 법만이 아니라
끝까지 화두를 챙기는 마음을 뺀 나머지
부처님 법 가운데 있는 온갖 좋은 일이라도
여기에서는 다 딴 생각이 된다는 말이다.

또 어찌 부처님 법 가운데의 일만 말하겠느냐?

마음의 바탕에서 경계를 취하고 버린다거나
이 마음을 집착하거나
이 마음으로 중생을 제도한다는 것들도
다 딴 생각이라고 해야 한다.

15. 做工夫하되

做到無可用心處

萬仞懸崖處

水窮山盡處

羅紋結角處하면

如老鼠入牛角[1]하듯

自有倒斷也이리라.

---

1. 노서입우각老鼠入牛角: 중국 남쪽에 사는 물소의 뿔은 매우 긴데 쥐를 잡는 기구로 쓰인다. 쥐가 먹을 것을 욕심내어 그 속에 들어가면 빠져나올 길이 없다고 한다. 들어갈수록 좁고 구부러져 돌아 나올 수 없기 때문이다.

15. 저절로 이 공부가 끝장날 때

화두 공부를 할 때
더 마음을 쓸 데가 없는 곳
만 길 낭떠러지라서 더 나아갈 곳이 없는 곳
바닷물이 마르고 수미산이 무너져 평지가 되는 곳
비단을 짤 때 마무리 될 곳에 이르면

마치 늙은 쥐가 쇠뿔 속에 들어가 저절로 잡히듯
저절로 이 공부가 끝장날 때가 있게 되리라.

16. 做工夫하되

最怕一箇伶俐心이니

伶俐心

爲之藥忌[1]니라.

犯着些毫하면

雖眞藥 現前이라도

不能救耳이니라.

若眞是箇參禪漢인댄

眼如盲 耳如聾하여야

心念 纔起時

如撞着銀山鐵壁相似하리니

如此則 工夫 始得相應耳리라.

---

1. 약기藥忌: 약 먹을 때 조심해야 할 금기 사항을 말한다. 예를 들면 게를 먹고 단 음식을
  먹거나, 복어를 먹고 팥밥을 먹으면 위험하므로 먹지 못하도록 하는 것을 말한다.

16. 머리로만 영리한 것을 가장 두려워해야

화두 공부를 할 때

머리로만 영리한 것을 가장 두려워해야 할 것이니

머리로만 영리한 것은

약 먹을 때 조심해야 할 금기사항과 같은 것이니라.

터럭만치라도 잘못이 있게 되면

영험 있는 좋은 약이 눈앞에 나타나더라도

생명을 구할 수가 없는 것과 같다.

진실로 참선하는 사람이라면

눈 먼 사람 귀 먹은 사람처럼 되어야

한 생각이 일어날 때

마치 은산철벽銀山鐵壁에 부딪히는 것과 같으리니

이와 같다면 비로소 공부가 되는 것이리라.

17. 做工夫하되

不可避喧向寂하여

瞑目合眼하고 坐在鬼窟裏하여

作活計[1]니라.

古所謂

黑山[2]下坐 死水浸이라하니

濟得甚麼邊事리오.

只要在境緣上 做得去하여야 始是得力處라.

一句話頭를 頓起在眉睫上하고

行裏坐裏 着衣吃飯裏 迎賓送客裏에

只要明這一句話頭落處니

一朝洗面時 摸着鼻孔이듯

原來太近이니라.

---

1. 귀굴리작활계鬼窟裏作活計: 깜깜한 귀신 굴속에서 살 계책을 찾는다는 의미로서 공부에
   아무 보탬이 되지 않는다는 소리이다.
2. 흑산黑山: 깜깜한 암흑으로서 악귀들이 사는 곳이라고 한다. 선림禪林에서는 중생들이
   집착하고 시비분별 하고 있는 곳을 흑산에 비유해서 많이 쓴다.

17. 깜깜한 산 밑에 앉아 있으니

화두 공부를 할 때
시끄러운 데를 피하고 고요한 곳만을 찾아서
눈을 감고 깜깜한 귀신 굴속에 앉아
공부하는 살림살이를 차려서는 안 되느니라.

옛 어른이 말씀하시기를
"깜깜한 산 밑에 앉아 있으니 썩은 물이 고여 든다." 하였으니
여기에서 무슨 일을 이룰 수 있겠느냐?

오직 만나는 현실 경계에서
제대로 공부를 해 가야 비로소 힘을 얻는 곳이 된다.

화두 한마디를 불쑥 일으켜 눈썹 위에 두고
오고 가며 앉고 눕는 곳
옷을 입고 밥을 먹는 곳
손님을 맞고 보내는 곳에서

오로지 화두 한마디만 밝혀야 할 것이니
아침에 세수할 때 콧구멍을 만지듯이
본디 이 공부는 아주 가까이에 있느니라.

18. 工夫하되

不怕做不上이니

做不上에 要做上이라야

便是工夫니라.

做不上에 便打退鼓하면

縱百劫千生인들

其奈爾何리오.

疑情이 發得起에 放不下가

便是上路니라.

將生死二字를 貼在額頭上하되

如猛虎趕來니라.

若不直走到家면

必喪身失命하리니

豈可住脚耶이리오.

18. 공부가 안 될 때 공부를 해야

화두 공부를 할 때
공부가 되지 않는 것을 두려워해서는 안 되니
공부가 안 될 때 공부해야만
이것이 바로 공부가 되느니라.

공부가 되지 않는다고 물러난다면
백겁천생百劫千生을 지낸들
너를 어찌 구제할 수 있겠느냐?

의정疑情이 일어남에 그것을 놓지 않는 것이
바로 공부가 되는 길이니라.

삶과 죽음의 문제를 늘 염두에 두고 공부를 하되
사나운 호랑이에 쫓기듯 해야 하느니라.

바로 내달려 고향집에 도달하지 못한다면
반드시 목숨을 잃게 될 것이니
어찌 발걸음을 멈출 수가 있겠느냐?

19. 做工夫하되

只在一則公案上用心이지

不可一切公案上에 作解會니라.

縱能解得이라도

終是解라 非悟也니라.

法華經에 云하되

是法은 非思量分別之所能解라하고

圓覺經에 云하되

以思惟心으로

測度如來圓覺境界은

如將螢火 蒸須彌山[1]하듯

終不能得이라하며

---

1. 수미산須彌山: 우주 중심에 서 있는 제일 큰 산으로서 인간의 상상력으로 그 크기를
   짐작할 수 없는 산.

19. 공안을 풀이하여 알려고 해서는 안 되느니라

공부를 할 때
오직 한 가지 공안公案에만 마음을 써야지
온갖 공안을 풀이하여 알려고 해서는 안 되느니라.

설사 풀이하여 알았다 할지라도
참으로 이것은 알음알이일 뿐 깨친 것이 아니니라.

『법화경』에서
"이 법은 생각하고 분별하는 마음으로
알 수 있는 곳이 아니다."라고 하였고

『원각경』에서
"생각하는 마음으로
여래의 원각圓覺 경계를 헤아리는 것은
마치 반딧불로 수미산을 태우려는 것과 같아서
끝내 원각을 성취할 수 없다."라고 하였으며

洞山이 云하되
擬將心意 學玄宗이면
大似西行에 卻向東이라하니라.

大凡 穿鑿公案者
須皮下有血이면
識慚愧하여야 始得이니라.

道不可須臾離니
可離면 非道也요

工夫는 不可須臾間斷이니
可間斷이면 非工夫也니라.

眞正參究人은
如火燒眉毛上하듯
又 如救頭然하나니
何暇에 爲他事動念耶이리오.

동산洞山 스님께서는

"중생의 마음을 가지고 깊고 깊은 종지宗旨를 배우려고 한다면

이는 마치 서쪽으로 가려는 사람이 동쪽을 향해 가는 것과 같도다."

말씀하셨느니라.

오로지 공안만 참구하는 이들이여

몸속에 살아 있는 피가 흐르고 있다면

공안 풀이하는 일이 부끄러운 줄 알아야 할 것이다.

도道는 잠시도 떠날 수 있는 것이 아니니

떠날 수 있다면 도道가 아니요

공부는 잠시도 중단 될 수 있는 것이 아니니

중단이 된다면 이는 공부가 아니다.

참으로 참구하는 사람들은

큰 불이 작은 눈썹을 순식간에 태우는 듯

머리에 붙은 뜨거운 불을 끄듯 공부해야 할 것이니

어느 겨를이 있어서 딴 일에 마음을 쓸 수 있겠느냐?

古德이 云하되

如一人이 與萬人敵하듯
覰面에 那容眨眼看이리오.

此語가 做工夫에 最要라
不可不知니라.

옛 어른께서는

"한 사람이 만 사람을 맞서 싸우는 것과 같아서

적을 마주 봄에 어찌 한눈파는 것을 잠깐이라도 용납할 수

있겠는가?"라고 말씀하셨다.

이 말이 공부를 해 가는데 가장 요긴한 것이니

반드시 마음에 새겨 두어야만 하느니라.

20. 做工夫하되
曉夕에 不敢自怠니
如慈明[1]大師는
夜欲將睡면 用引錐刺之하고 又 云하되

古人 爲道에
不食不寢이어늘
予는 何人耶오.

---

1. 자명초원慈明楚圓(987-1040)은 속성은 이李씨로서 광서성廣西省 계림부桂林府 전주全州 사람이다. 스물두 살 때 출가하여 분양 선소汾陽善昭 밑에서 공부하였다. 자명은 입적한 뒤의 시호이고 석상石霜 화상이라고도 한다.

20. 도를 위해서 먹지도 않고 자지도 않았는데

화두 공부를 할 때
아침저녁으로 조금도 게을리 하지 말아야 하니
자명 스님 같은 분께서는
밤에 졸리면 송곳으로 허벅지를 찌르면서 말씀하시기를

"옛 어른들은 도道를 위해서
먹지도 않고 자지도 않았는데
이렇게 졸고 있는 나는 어떤 사람인고?"라고 하셨다.

21. 做工夫하되

不得向意根下卜度思惟니

使工夫 不得成片하고

不能發得起疑情이니라.

思惟卜度四字는

障正信 障正行하며

兼障道眼이니

學者 於彼에 如生冤家[1]相似하여야 乃可耳니라.

---

1. 생원가生冤家: 의도적으로 헤아리고 추측하는 짓들이[思惟卜度] 공부에는 원수와도 같기 때문에 원수 집에 태어난 것과 같다는 뜻이다.

21. 의도적으로 추측하고 헤아리지 말아야

화두 공부를 할 때
의도적으로 추측하고 헤아리지 말아야 하니
이런 마음가짐으로는 공부를 이룰 수 없고
의정疑情을 일으킬 수 없다.

의도적으로 추측하고 헤아리는 것은
바른 믿음과 바른 수행을 막아서
도道에 대한 안목을 가리니
공부하는 이들은 원수처럼 알아야 하느니라.

22. 做工夫하되 不得向擧起處承當이라.

若承當인댄
正所謂 瞞頂儱侗[1]이니
與參究와 不相應이니라.

只須發起疑情하여
打敎徹 無承當處하고
亦無承當者라면
如空中樓閣 七通八達[2]이니라.

不然이면 認賊爲子하고
認奴作郎이라.

古德이 云하되
莫將驢鞍橋[3]하여 喚作阿爺下頷이라하니 斯之謂也니라.

---

1. 만한농동瞞頂儱侗: 만한瞞頂은 사람을 속이려고 달려드는 것이고, 농동儱侗은 두리 뭉실하고 멍청해서 어리석은 모습을 말한다.
2. 칠통팔달七通八達: 막힘이 없이 사방으로 탁 트인 것을 말한다. 곧 깨달으면 자유자재하고 활달하여 막힘이 없다는 뜻이다.
3. 여안교驢鞍橋: 나귀 등에 얹는 안장을 말한다. 이는 허망한 분별을 갖다가 부처님의 성품으로 삼지 말라는 뜻이다. 인적위자認賊爲子 인노작랑認奴作郎과도 같은 말이다.

236

22. 도를 깨치려고 하지 말아야

공부를 할 때 화두를 드는 곳에서
도를 깨치려고 하지 말아야 하느니라.

도를 깨치려고 달려든다면
바로 이 일이
사람을 속이려고 달려드는 멍청하고 어리석은 짓이니
공부와는 아무런 상관이 없다.

오직 의정疑情만 일으켜
도道를 깨칠 곳이 없고
또한 깨칠 사람도 없음을 철저하게 깨달으면
허공에 떠 있는 누각이 사방팔방으로 통하는 것과 같다.

그렇지 않다면 도적을 자식으로 삼고
종을 상전으로 삼는 것이다.

옛 어른께서 말씀하시기를
"나귀 등에 얹는 안장을
아버지의 턱이라고 말하지 말라."고 하셨으니
이를 두고 하는 말이다.

23. 做工夫하되

不得求人說破니라.

若說破라도

終是別人底요

與自己 沒相干이니라.

如人이 問路到長安에

但可要其指路이지

不可更問長安事이니라.

彼一一 說明長安事라도

終是彼見底요

非問路者 親見也이니라.

若不力行하고

便求人說破도 亦復如是니라.

23. 다른 사람이 말해 주기를 바라지 말라

화두 공부를 할 때
다른 사람이 말해 주기를 바라지 말라.

공부에 대해 말해 주더라도
마침내 그 공부는 다른 사람의 것일 뿐
자기와는 아무런 상관이 없느니라.

마치 사람이 장안으로 가는 길을 물을 때
다만 그 길만 가리켜 주기를 요구할 일이지
장안의 일을 더 물어서는 안 되는 것과 같다.

그 사람이 낱낱이 장안의 일을 말해 주더라도
그것은 그가 본 것일 뿐
길 묻는 사람이 직접 본 것은 아니다.

힘써 수행하지 않고
남이 공부에 대해 말해 주기를 바라는 것도 이와 같으니라.

24. 做工夫하되

不只是念公案이니

念來念去인들

有甚麼交涉이리오.

念到彌勒下生時라도

亦沒交涉이니

何不念阿彌陀佛[1]하여

更有利益고.

不但敎不必念이라

不妨一一擧起話頭니라.

---

1. 여기에서 말하는 아미타불阿彌陀佛은 염불해서 찾아갈 수 있는 극락정토에 계시는 부처님
   을 말한다.

24. 공안만 외우지 말고 의정을 일으켜야

화두 공부를 할 때
공안만을 외우려 하지 말아야 하니
공안만 외우며 오간들
공부에 무슨 보탬이 있겠느냐?

미륵 부처님이 세상에 출현하실 때까지 외워 가도
공부에는 아무런 보탬이 없으니
차라리 아미타불을 외운다면
어떤 공덕이나 있지 않겠느냐?

화두는 반드시 입으로 외우게 할 필요가 없을 뿐만 아니라
외우지 않는다고 해서 화두 드는 공부가 방해 되지도 않는다.

如看無字라면
便就無上에 起疑情하고

如看柏樹子라면
便就柏樹子에 起疑情하며

如看一歸何處라면
便就一歸何處에 起疑情하니라.

疑情이 發得起하면
盡十方世界 是一箇疑團이니

'개에게는 불성이 없다.'라는 화두를 든다면
'개에게는 불성이 없다.'에서 의정疑情을 일으켜야 하고

'뜰 앞의 잣나무'를 참구하면
'뜰 앞의 잣나무'에서 의정을 일으켜야 하며

'이 하나는 어디로 돌아가는고?'를 한다면
'이 하나는 어디로 돌아가는고?'에서 의정을 일으켜야 한다.

의정이 일어나면
온 시방세계가 하나의 의심 덩어리가 되니

不知有父母身心하고

不知有十方世界하며

非內非外 輥成一團이어

一日 如桶箍自爆하리라.

再見善知識하면

不待開口

而大事了畢矣리라.

부모가 있어도 있는 줄 모르고
시방세계가 있어도 있는 줄 모르며
안팎 구분이 없이 모든 것이 한 덩어리가 되어
통의 압력이 커지면 어느 날 저절로 폭발하듯
이 의심 덩어리가 저절로 터질 것이다.

이 때 다시 선지식을 찾게 되면
무슨 말을 들을 것도 없이
일대사一大事 공부를 다 해 마칠 것이니라.

25. 做工夫하되

不可須臾失正念이라.

若失了參究一念하면

必流入異端하여

茫茫不返하리라.

如有人이 靜坐에

只喜澄澄湛湛하여

純淸絶點을

爲佛事하면

此喚作失正念이라하니

墮在澄湛中이니라.

或認箇能講能譚能動能靜으로

爲佛事하면

此喚作失正念이라하니

認識神이니라.

25. 바른 생각을 잠깐이라도 잊어선 안 되느니라

화두 공부를 할 때
바른 생각을 잠깐이라도 잊어선 안 되느니라.

참구하는 한 생각을 잊어버리면
반드시 엉뚱한 길로 들어서서
아득히 벗어나 돌아오지 못하리라.

어떤 사람이 고요히 앉아서
맑고 깨끗한 것만을 기뻐하여
순수하고 맑고 깨끗한 것으로
부처님의 일을 삼는다면

이는 바른 생각이 아니니
맑고 깨끗한 경계에 떨어진 것이라고 한다.

혹 강설 담론이나 동정動靜의 경계로
부처님의 일을 삼는다면

이는 바른 생각이 아니니
식신識神을 잘못 안 것이라고 한다.

或將妄心遏捺하여
令妄心不起로 爲佛事하면

此喚作失正念이라하니
如石壓草며
又 如剝芭蕉葉子니라.

或觀想身如虛空하고
不起念을 如牆壁하면

此喚作失正念이라하니
落空亡外道며
魂不散底死人이니라.

總而言之컨대
皆失正念故니라.

혹 마음을 억지로 눌러서
헛된 마음이 일어나지 않게 하는 것을 부처님의 일로 삼는다면

이는 바른 생각이 아니니
돌로 풀을 눌러 놓은 것과 같고
또한 파초 잎을 벗겨 내는 것과 같은 일들이다.

혹 몸을 허공처럼 여기고
한 생각도 일으키지 않는 것을 굳은 담벼락처럼 하여도

이는 바른 생각이 아니니
공空에 떨어진 외도라고 하며
아직 넋이 흩어지지 않은 죽은 사람이라고 한다.

결론 지어 말하자면
이는 모두 바른 생각이 아니기 때문이다.

26. 做工夫하되

疑情 發得起이면

更要撲得破니라.

若撲不破時

當確實正念 發大勇猛하고

切中에 更加個切字하여야

始得이니라.

徑山[1]이 云하되

大丈夫漢

決欲究竟 此一段大事因緣이면

一等打破面皮하여

性燥竪起脊梁骨이라.

---

1. 묘희妙喜(1089-1163): 송대宋代 임제종 양기파 승려이다. 법명은 종고宗杲, 자는 대혜로서 안휘성安徽省 선주宣州 영국현寧國縣에서 태어났다. 조동종 스님들을 많이 찾아다니다가 변경汴京 천녕사天寧寺에서 원오 선사의 법을 받고 경산 능인사能仁寺에서 법을 크게 펼쳤다. 저술로는 『정법안장正法眼藏』6권, 『대혜어록大慧語錄』30권, 『법어法語』3권, 『대혜보각선사보설大慧普覺禪師普說』5권, 『종문무고宗門武庫』1권, 『서장書狀』2권 등이 있고, 그의 법을 이은 제자들이 구십여 명이 있었다. 그는 특히 묵조선默照禪의 병폐를 지적하여 활구活句 참선을 강조하였다.

26. 의정을 깨뜨려야만 하느니라

화두를 공부할 때
의정疑情이 일어나면
그 의정을 깨뜨려야만 하느니라.

의정을 깨뜨리지 못한 때는
확실한 바른 생각에서 큰 용맹심을 내고
간절한 마음이라도 더 간절한 마음을 내어
의정을 깨뜨리고자 해야 옳을 것이다.

경산 스님께서는 말씀하셨다.

"대장부가 삶과 죽음의 문제 해결로서
일대사一大事 인연을 결단코 마치려면
먼저 이런 저런 체면을 볼 것 없이
곧장 척추 뼈를 곧추세워야 한다.

莫順人情하고

把自己平昔所疑處를

貼在額頭上하라.

常時 一似欠人이 萬百貫錢하여 被人追索할새

無物可償이어 怕被人恥辱이면

無急得急하며

無忙得忙하며

無大得大底一件事라야

方有趣向分이니라.

인정에 끌리지 말고

평소에 자신이 의심했던 것을

이마 위에 척 붙여 놓아야만 한다.

많은 빚을 진 사람이 늘 빚 독촉을 받아도

갚을 돈이 없어 치욕을 입을까 두려우면

이보다 더 급한 일이 없으며

이보다 더 바쁜 일이 없으며

이보다 더 큰일이 없는 것이니

이와 같은 마음이라면

비로소 공부해 나갈 수 있는 자격이 있다 하겠다."

찾아보기

몽산법어

간화선 지침서

초판발행 | 2006년 1월 4일
초판 4쇄 | 2016년 12월 31일
펴낸이 | 열린마음
역해 | 원순

펴낸곳 | 도서출판 법공양
등록 | 1999년 2월 2일 · 제1-a2441
주소 | 110-170 서울시 종로구 수송동
　　　두산위브파빌리온 836
전화 | 02-734-9428
팩스 | 02-6008-7024
이메일 | dharmabooks@chol.com

ⓒ 원순, 2016
ISBN 978-89-89602-31-9

값 17,000원

부처님의 가르침을 올바르게 _ 도서출판 법공양